DIE SÜDAFRIKANISCHEN BLÜTENESSENZEN

DIE SÜDAFRIKANISCHEN BLÜTENESSENZEN

JANNET UNITE-PENNY

Alle Rechte der Vervielfältigung, Verbreitung und Übersetzung vorbehalten. Kein Teil des Werkes darf in irgendeiner Form ohne ausdrückliche schriftliche Genehmigung des Autors reproduziert, verarbeitet, vervielfältigt oder verbreitet werden.

© 2019 Sann GmbH, Schweinheimer Str. 6 B, 63739 Aschaffenburg, Deutschland

Herstellung und Verlag:
BoD – Books on Demand, Norderstedt

ISBN-13: 978-3-7347-9097-3

Texte: Jannet Unite-Penny
Übersetzung: Gisela
Satz: Carsten Sann

Die Deutsche Nationalbibliothek verzeichnet diese Publikation in der Deutschen Nationalbibliografie; detaillierte bibliografische Daten sind im Internet über http://dnb.d-nb.de abrufbar.

http://www.safloweressences.co.za
info@safloweressences.co.za

*Ich widme dieses Buch den Devas, die
die eigentlichen Hersteller der Essenzen sind,
weil sie mit mir gemeinsam gearbeitet
haben, und weil sie der Menschheit
die Blüten gegeben haben.*

INHALTSVERZEICHNIS

Vorwort 13
Einleitung 21
   Wie man die Essenzen verwendet 21
Danksagungen 25
Die Einzelessenzen 27
   African Banana 27
   Agapanthus 28
   Aloe 28
   Apricot 29
   Aristea 30
   Arum Lily 30
   Australian Tea Tree 31
   Avocado 32
   Azalea 32
   Baeometra 33
   Basil 34
   Bauhinia 35
   Bell Gardenia 36
   Belladonna Lily 36
   Bluebell 37
   Blushing Bride 38
   Borage 39
   Bottle Brush 39
   Buchu 40
   Calendula 41
   Cancer Bush 42
   Cape Almond 42
   Cape Honeysuckle 43
   Cauliflower 44
   Chestnut 44
   Chinkerinchee 45
   Christ Thorn 46
   Clivia 46
   Comfrey 47

DIE SÜDAFRIKANISCHEN BLÜTENESSENZEN

Coral Tree 48
Corn 48
Cosmos 49
Crab Apple 50
Crassula 50
Cucumber 51
Daffodil 52
Dandelion 52
Disa 53
Dog Rose 54
Dune Calendula 54
English Hawthorne 55
Evening Primrose 56
Felicia 57
Fig 57
Flowering Cherry 58
Flowering Gum 59
Flowering Quince 59
Forget-me-not 60
Frangipani 61
Freesia 62
Fuchsia 62
Fumaria 63
Gazania 64
Geranium Incanum 65
Giant Protea 65
Grapefruit 66
Grapevine 67
Grassy Bell 67
Green Pepper 68
Grevillea 69
Hibiscus 70
Holly 70
Hyacinth 71
Hypericum 72
Ixia 72
Jacaranda 73
Keurtjie 74
Lavender 74
Lemon 75
Loquat 75
Lotus 76
Maidenhair Fern 77
Mango 78

INHALTSVERZEICHNIS

Maple 78
Marigold 79
Mock Orange 80
Morning Glory 81
Mountain Cabbage Tree 81
Mountain Dahlia 82
Mountain Rose 83
Nasturtium 84
Nicotiana 84
Oak 85
Orange 86
Orange Pincushion 86
Orange Watsonia 87
Oreganum 87
Oxalis 88
Painted Lady 88
Pansy 89
Parsley 90
Peach 90
Pelargonium 91
Periwinkle 92
Petunia 93
Pine 93
Pink Bell Heather 94
Pink Watsonia 95
Plum 95
Plumbago 96
Pomegranate 97
Pompom Tree 97
Red Camellia 98
Red Erica 99
Red Hot Poker 99
Rhododendron 100
Roella 101
Rosemary 101
Sausage Tree 102
Scilla 103
Senecio 104
Shasta Daisy 105
Silverleaf 106
Snapdragon 106
Sonderina 107
Sour Fig 108
Spur Flower 109

Squash 109
Strelitzia 110
Sugar Bush Protea 111
Sunbonnet 111
Sunflower 112
Suring 113
Sweetpea 114
Thyme 114
Tiger Lily 115
Tomato 116
Touch-Me-Not 117
Tulip Magnolia 117
Umsipane 118
Vygie 119
Warratah 119
Water Lily 120
Wattle 121
White Geranium 121
Wild Coffee 122
Wild Dagga 123
Wild Gardenia 123
Wild Garlic 124
Wild Ginger 124
Wild Iris 125
Wild Jasmine 126
Wild Pear 127
Wild Sage 127
Wisteria 128
Yarrow 129
Yellow Pincushion 130
Yellowwood 130
Yucca 131
Zimbabwe Creeper 132
Zinnia 132

Die Mischungen 135

Abundance Essence 135
Adolescent Essence 136
Auric Protection Essence 137
Balancing Essence 138
Birth Essence 139
Creativity Essence 140
Crisis Remedy 140
Harmony Essence 141
Inner Child Essence 142
Inner Female Essence 143
Inner Male Essence 144
Menopause Essence 145
Parenting Essence 146
Separation Essence 146
Stress Essence 147
Study Essence 148
Substance Abuse Essence 149
Travel Essence 150

Repertorium 153

Nummerierte Testliste (169) 179

Bibliografie 183

Bildnachweis 186

Bezugsquelle 187

VORWORT

Es gibt einen magischen Garten am Fuße des Tafelbergs in Südafrika, durch den zwei Bergbäche fließen. Dort bin ich in meiner eigenen Phantasiewelt aufgewachsen, umgeben von den einheimischen Pflanzen, die für mich selbstverständlich und ein wesentlicher Teil meines Lebens waren. Während der letzten zwei Jahrzehnte habe ich die Obhut über diesen besonderen Ort gehabt. Ich habe ihn den Devas der Pflanzenwelt und all den kleinen Tieren, Vögeln und Insekten gewidmet, die in ihm leben. Ich habe die Fülle der wunderbaren Pflanzen geliebt und beschützt, und ihnen ermöglicht, frei von künstlichen oder chemischen Eingriffen zu gedeihen.

Irgendwie wusste ich immer, dass meine Beziehung zu diesem Garten Teil eines größeren Plans ist. Dieses Wissen half mir, dem immer wieder auftauchenden Druck zu widerstehen, mich von diesem Ort zu trennen. Heute habe ich verstanden, dass er ein heiliges Vermächtnis ist, das ich geschützt und erhalten habe, um die südafrikanischen Blüten- und Edelsteinessenzen in die Welt bringen zu können.

An der Südspitze des afrikanischen Kontinents liegt der Tafelberg. Hier fließen Ley-Linien[1] zusammen, die die Energie des gesamten Kontinents bündeln und verstärken. Der Tafelberg ist ein enorm starker Kraftort, der in der esoterischen Tradition als eines der 12 Chakren der Erde angesehen wird. Für die Buschmänner

---
1 Geomantische Energielinien, vergleichbar mit den Meridianen der Erde [A.d.Ü.]

und die eingeborenen Afrikaner ist er ein heiliger Ort der Heilung.

Oberhalb des botanischen Gartens von Kirstenbosch, etwa ein bis zwei Meilen von der Fig Tree Farm entfernt, haben schon viele Menschen die Deva vom Castle Rock, ein wundervolles Engelwesen, gesehen. Der Kirstenbosch National Botanical Garden ist selbst ein Ort voller Kraft und Ruhe. Er liegt ebenfalls zu Füßen des Tafelbergs und ist die Heimat vieler der einheimischen Blüten, die ich in meinen Essenzen verwende.

Die Flora Südafrikas und ganz besonders die der Kaphalbinsel ist überwältigend in ihrer Schönheit und Vielfalt. Nirgendwo auf der Welt gibt es eine vergleichbare Vielfalt verschiedener Pflanzen, die sich auf so begrenztem Raum konzentriert. Es gibt auf der Welt sechs verschiedene Florenreiche[2]. Die Kaphalbinsel ist eines von ihnen und sie ist mit Abstand das kleinste Gebiet, das der Ursprung eines ganzen Reiches ist.

Jan Smuts, südafrikanischer Staatsmann, Mitbegründer des Völkerbunds und Vater des Holismus schreibt in seinem Vorwort für das Buch *Wild Flowers of the Cape Peninsula* von Mary Maytham Kidd: „Viele unserer wunderschönen Blumen sind weit über Südafrika hinaus bekannt und man kann sie in privaten und öffentlichen Sammlungen in anderen Teilen der Welt sehen. Aber die Menschen wissen meistens nicht, dass sie ursprünglich vom Kap kommen. Europäische Botaniker und Sammler wurden im 18. und 19. Jahrhundert eigens dorthin geschickt, um sie mitzunehmen und an anderen Orten zu domestizieren."

---

2 Ein Florenreich ist in der Biogeographie eine Region, die sich durch eine eigenständige Flora auszeichnet. Eine große Anzahl von Pflanzensippen kommt nur dort vor. (Wikipedia)

Smuts weist darauf hin, dass die Pflanzen unseres Kaps einer Flora angehören, die einzigartig und geheimnisvoll ist, und in der man „eine große Anzahl von Pflanzenfamilien findet, die nirgendwo sonst auf der Welt gedeiht. Man musste neue Namen für Spezies und ganze Familien von Pflanzen erschaffen. Man hatte eine neue botanische Welt entdeckt, die voll von einzigartigen und bisher unbekannten Arten war. Viel von der Pracht der Blüten und Gärten in fernen Ländern stammt deshalb aus Südafrika."

Geranien, Freesien, Gladiolen, Schmucklilien (Agapanthus), Fransenschwertel (Sparaxis), Callas, Fackellilien und viele andere bekannte Arten kommen ursprünglich aus Südafrika.

Im Laufe der Jahre seit Smuts Premierminister gewesen war, ist Südafrika durch einen Zyklus des Rückzugs und der Ausgrenzung aus der internationalen Gemeinschaft gegangen. Dieser ging im Jahr 1994 zu Ende, als die ersten freien Wahlen stattfanden, Nelson Mandela Präsident wurde und Südafrika in die Weltgemeinschaft zurückkehrte. Dies ist auch das Jahr, in dem die Südafrikanischen Blütenessenzen gewählt haben, manifestiert zu werden.

Es ist für die „Regenbogennation" Südafrika an der Zeit, dass sie wieder ihren Beitrag in der globalen Gemeinschaft leistet. Sie wird das auf vielfältige Weise tun, und eine davon wird der energetische Regenbogen der Blüten- und Edelsteinessenzen sein. Die Essenzen beinhalten den feinstofflichen „Abdruck" der wunderbaren Flora, aber auch die kraftvollen Heilenergien des afrikanischen Kontinents und die einzigartige Energie des Tafelbergs und der Kaphalbinsel.

DIE SÜDAFRIKANISCHEN BLÜTENESSENZEN

Wir nähern uns dem Ende des Jahrtausends und das neue Paradigma hat bereits begonnen. Es ist an der Zeit, dass wir die exoterische Welt des Verstandes, die männlich geprägte Welt von Leistung und Business mit der inneren, esoterischen, weiblichen Welt der Intuition und der Mystik zusammenbringen. Esoterisches Wissen bedeutete früher, dass es „verborgen und nur für Auserwählte zugänglich" war. Heute steht dieses Wissen jedem von uns zur Verfügung.

Es ist höchste Zeit, dass wir bewusst erkennen, was wir denken und fühlen, welche Glaubenssätze und Überzeugungen wir haben und was für Entscheidungen wir treffen. Wir müssen auch unsere Erwartungen auf den Prüfstand stellen, ebenso wie das, was wir uns ersehnen und wie wir unsere mächtige Vorstellungskraft im Leben nutzen.

Als ausgebildete Juristin habe ich eine Weile gebraucht, bis ich gelernt hatte, meiner Intuition genauso wie meinem Verstand zu vertrauen. Zehn Jahre lang habe ich mich geweigert, Blütenessenzen herzustellen, weil ich davon überzeugt war, dass ich das nicht kann. Stattdessen habe ich versucht andere zu überreden, es für mich zu tun. Irgendwann habe ich jedoch nachgegeben und der Stimme in meinem Kopf gehorcht, die mir sagte: „Mach eine Essenz von dieser Blüte und auch von der da drüben."

In den alten Zivilisationen von Atlantis und Lemurien wurden Pflanzen gezielt dafür gezüchtet, um als Blütenessenzen der Entwicklung des menschlichen Bewusstseins zu helfen. Das Reich der Devas besteht aus Engel- und Elementewesen, die die Mineralien, Pflanzen und Tiere lenken und beschützen. Mit Hilfe von Blüten- und Edelsteinessenzen arbeiten sie mit der Welt der Menschen und unterstützen uns. Diese Wesen waren schon immer für uns da und sie bieten allen, die bereit sind, es zu empfangen, das Geschenk der bedingungslosen Liebe und der Führung an. Machaelle Small Wright, die Herstellerin der Perelandra Essenzen, zitiert in ihrem Buch *Die Perelandra Blütenessenzen* die Überstrahlende Deva der Blütenessenzen, worin sie erklärt, wie das Reich der Devas bewusst eine Partnerschaft mit der Welt der Menschen eingegangen ist, um die Materie für die äußere Form bereitzustellen, als die ersten Seelen gewählt haben, sich physisch auf dem Planeten zu inkarnieren. „Alles, was zur menschlichen Lebensform gehört, ist aus den drei Reichen der Natur entnommen." Die Devas haben auch zugestimmt, dem Menschen durch Nahrung, Unterkunft und Kleidung zu helfen. All dies ist jedoch nur ein Teil der ursprünglichen Vereinbarung. Die Devas unterstützen die Menschen auch dabei, wieder ins Gleichgewicht zu kommen, wenn sie aus ihrer Mitte geworfen sind. Aus diesem Grund gibt es heilende Devas, die „solche Muster in der Natur etablieren, die mit der menschlichen Form in heilende Resonanz gehen, und diese Muster in die spezifische Blaupause von Pflanzen, Tieren und Mineralien integrieren. Die Menschen können sie erkennen, freisetzen und auf angemessene Weise nutzen, wenn sie gebraucht werden."

„In der Natur gibt es für jede spezifische Funktionsstörung im Menschen ein heilendes Schwingungsmuster." Die Deva erklärt weiter, dass dieses Muster in ständiger Veränderung begriffen ist. Wenn die Menschheit einen bestimmten Bereich der Funktionsstörungen überwindet, löst sich auch das zugehörige heilende Schwingungsmuster auf, und wenn die Menschen ein neues Störungsmuster entwickeln, reagieren die Devas darauf mit der Blaupause eines harmonisierenden Musters in einem der Reiche der Natur.

Blütenessenzen sind daher ein kraftvolles Werkzeug für die Transformation des Selbst und für spirituelles Wachstum. Sie wirken als Katalysatoren und helfen dabei, das Niveau der Selbsterkenntnis zu erhöhen und Blockaden zu entfernen, die den freien Fluss der Energie im physischen und in den feinstofflichen Körpern behindern.

Das Gesetz der Resonanz sagt aus, dass sich die Resonanz zweier unterschiedlich schwingender Energiefelder angleichen muss, wenn beide sich begegnen. Entweder wird die Frequenz des höheren Feldes verringert, oder die Frequenz des niedrigeren Feldes erhöht, oder beide treffen sich irgendwo dazwischen.

Die Blüte wird als höchste Manifestation der Pflanze in einer Essenz verwendet. Sie verleiht ihr ihre Resonanz und ihren feinstofflichen Abdruck. Nimmt man Essenzen ein oder bringt sie auf eine andere Weise in das menschliche Energiefeld, hält sie ihre Resonanz und erhöht die Frequenz der feinstofflichen Körper. Sie reinigt diese von negativen Schwingungen und dies führt letztlich dazu, dass auch der physische Körper gereinigt wird. Im neuen Paradigma, in dem wir unsere Realität über Resonanzmuster erschaffen, spielen diese Essenzen eine wesentliche Rolle. Sie sind wahrhaftig die Medizin der Zukunft.

Die Essenzen leben selbst auf ihre eigene Art und Weise. Ihre Herstellung ist eigentlich nur eine Hilfestellung bei der Manifestation in die physische Welt. Ich arbeite dabei mit den Devas in Achtung und Integrität zusammen und folge ihren Anweisungen. Um die Wirkung einer Essenz herauszufinden, verbinde ich mich mit der Deva der Pflanze und frage sie, welche Blaupause sie der Menschheit durch ihre Essenz zur Verfügung stellt.

Es gibt heute eine neue Form der Magie – hohe Magie oder die Magie des Empfangens[3]. In den Fläschchen befinden sich magische Energien, die uns dabei unterstützen können, unser Leiden an der Vergangenheit zu transformieren und die Lektionen zu integrieren und abzuschließen, die das selbst gewählte Karma uns gibt, damit wir in ein neues Leben voller Freude hineinwachsen können. Wenn Sie sich von meinen Essenzen, diesem Geschenk der Königreiche der Natur, angezogen fühlen, dann bedeutet das, dass Ihre Seele nach der Freiheit strebt, die ihr zusteht.

Es ist nicht immer leicht, mit dem Kämpfen aufzuhören, wir sind ja so sehr daran gewöhnt. Bei den Essenzen geht es jedoch nicht um Kampf, sondern um eine freudvolle Transformation, mit der wir uns in die neue Energie bewegen, Zugriff auf andere Dimensionen des Bewusstseins erhalten und exponentiell wachsen, um mit „Licht, Liebe, Lachen und Leichtigkeit" mehr zu uns selbst zu werden. Die Essenzen helfen uns dabei, unsere machtvolle, ko-kreative Partnerschaft mit unserem Höheren Selbst zu verstärken.

Mögen sie Ihnen viel Freude, Erfüllung, Wunder und Glück bringen.

---

[3] Lazaris

EINLEITUNG

Die Fig Tree Farm ist wirklich ein magischer Ort. Auf den knapp zweieinhalb Hektar wachsen zwei Drittel der Pflanzen, mit denen die Südafrikanischen Blütenessenzen hergestellt werden. Die Farm ist von über 40 Hektar geschützten Bergwäldern umgeben. Auch dort stelle ich Mutteressenzen her und potenziere sie mithilfe von Kristallen in Kupferpyramiden. Neben den über 70 Essenzen aus einheimischen Pflanzen (diese sind im Buch mit ⊱ gekennzeichnet) schließt das Repertoire auch bestimmte neuere Essenzen von nichteinheimischen Blüten, sowie von weiteren Pflanzen aus aller Welt mit ein. Den Devas scheint es nicht wichtig zu sein, ob eine Pflanze aus Südafrika stammt oder nicht – aufgrund der Tatsache, dass sie hier gedeiht, trägt sie die Energie des afrikanischen Kontinents in sich.

Ich lebe auch auf der Fig Tree Farm, und das schon seit 42 Jahren. Die Farm ist leider kein öffentlicher Ort, daher bitte ich darum, dass Sie unsere Privatsphäre respektieren und nur werktags zu den Öffnungszeiten anrufen. Gerne nennen wir Ihnen die Namen von Händlern. Die Essenzen können in Läden und über das Internet bezogen werden.

WIE MAN DIE ESSENZEN VERWENDET

Obwohl in diesem Buch bei jeder Essenz ein Leitmotiv steht, lesen Sie bitte jeweils den gesamten Text, denn es geht mitunter um komplexe emotionale und mentale

Zustände, die man nicht mit wenigen Worten zusammenfassen kann.

Das Repertorium am Ende dieses Buchs ist bewusst nicht sehr ausführlich. Es soll Ihnen lediglich Hinweise geben, die Ihnen bei der Auswahl der Essenzen helfen können. Vielleicht kennen Sie aus anderen Büchern über Essenzen Hinweise auf deren körperliche Wirkungen. Aufgrund der Vorgaben des South African Medicines Control Councils darf ich über meine Essenzen nichts derartiges schreiben.

Manchmal erkennt man alleine durch das Lesen der Beschreibung intuitiv, dass man von einer bestimmten Essenz profitieren könnte. Dennoch ist es wegen der sehr subtilen energetischen Ebenen, auf denen die Essenzen wirken, oft sinnvoll, dass man seine unbewusste Ebene oder das Höhere Selbst miteinbezieht. Eine gute Methode ist es auch, Essenzen auszutesten, beispielsweise mit dem kinesiologischen Muskeltest oder einem Pendel. Im neuen Paradigma ist die Ermächtigung des Einzelnen von wesentlicher Bedeutung, daher empfehle ich, dass Sie selbst die Verantwortung für die Auswahl Ihrer Essenzen übernehmen. Nehmen Sie wieder das Ruder in die Hand und vertrauen Sie sich selbst.

Es gibt eine simple Methode, wie man sich mit den eigenen Fingern selbst testen kann. Legen Sie dazu die Spitze des kleinen Fingers auf die Daumenspitze ihrer nicht-dominanten Hand. Dann legen Sie die Spitzen von Daumen und Zeigefinger der anderen Hand aufeinander und führen sie beide gemeinsam in den entstandenen Ring in der nicht-dominanten Hand. Um den Test auszuführen, stellen Sie eine Frage und versuchen Sie dann, den Ring mit Daumen und Zeigefinger zu „sprengen". Ist die Antwort positiv („Ja"), können

Sie den Ring aus Daumen und kleinem Finger leicht halten. Bei einer negativen Antwort („Nein") lässt sich der Ring einfach sprengen. Experimentieren Sie zu Beginn mit Fragen, auf die Sie die Antwort schon kennen.

Die Testmethoden sind sehr direkt und zuverlässig – es ist dafür nur notwendig, dass Sie die Fragen stellen und dem Ergebnis vertrauen.

In unserer Arbeit haben wir bemerkt, dass die Essenzen oft in Gruppen zu jeweils sieben auftauchen. Obwohl die Verwendung der „richtigen" einzelnen Essenz eine stärkere Wirkung haben kann, sollten Sie dem Test vertrauen, wenn er ergibt, dass Sie sieben (oder eine andere Anzahl von bis zu zehn) unterschiedliche Essenzen benötigen. Diese werden sich verbinden und das richtige Energiemuster für Ihre sanfte Transformation erzeugen.

Die Fläschchen der Einzelessenzen sind Stockbottles und werden direkt aus der Muttertinktur hergestellt. Wenn Sie Ihre persönliche Mischung eine längere Zeit verwenden wollen, können Sie selbst Einnahmeflaschen herstellen, indem Sie ein leeres Fläschchen mit einer Mischung aus 30 % Weinbrand und 70 % reinem Quellwasser füllen und dann sieben Tropfen jeder Einzelessenz hinzufügen.

Nehmen Sie Ihre Mischung mindestens viermal täglich, wenn möglich jedoch besser siebenmal und auf jeden Fall morgens nach dem Aufstehen und abends vor dem Zubettgehen. Geben Sie sieben Tropfen der Mischung in ein Glas Wasser oder unter die Zunge. Da die Essenzen nach dem Prinzip der Resonanz arbeiten, ist die Häufigkeit, mit der Sie sie anwenden viel wichtiger als die Menge, die Sie dabei einnehmen. In besonderen Situationen kann es hilfreich sein, eine Essenz alle 15 Minuten zu nehmen. Man kann die optimale Anwendungsfrequenz auch gut mit den oben beschriebenen Methoden austesten.

Die Essenzen können auch hilfreich sein, wenn man sie äußerlich anwendet, indem man sie auf die Handgelenke oder Chakren gibt, indem man sie zu einem Massageöl hinzu oder einige Tropfen ins Badewasser gibt.

Es ist auch möglich, die heilenden Energien der Essenz an andere Personen, Gruppen, Tiere oder Pflanzen zu senden. Halten Sie dazu einfach das Fläschchen in der Hand, visualisieren Sie den Empfänger und spüren Sie, wie die Energie der Essenz sich in der Aura des Empfängers einklinkt.

Für Rückmeldungen über Ihre Erfahrungen mit den Essenzen bin ich jederzeit dankbar. Schreiben Sie mir einfach eine E-Mail an *info@safloweressences.co.za*.

DANKSAGUNGEN

Mein aufrichtiger Dank geht an:

Joane Brokensha, für ihren ganz besonderen Input und ihre kontinuierliche Unterstützung und Ermutigung.

Sheilah Toms, für ihre wertvolle Hilfe und ihren wunderbaren Enthusiasmus.

Veronica Knoop, für ihre Geduld und Toleranz bei der Vorbereitung dieses Buchs.

Herbert Nash, dafür, dass er meine unzähligen Fragen zu den Pflanzen beantwortet hat.

John Manning, dafür, dass er eine unbezahlbare Quelle botanischer Informationen ist.

Die **Kirstenbosch National Botanical Gardens** und so viele der dortigen **Mitarbeiter** für ihren Enthusiasmus, ihre Unterstützung und ihre Hilfe dabei, mir Zugang zu den Blüten zu geben, wenn ich ihn brauche.

Meine lieben Töchter **Ambur** und **Tarryn**, dass sie die Zeiten ertragen haben, in denen ich vollständig mit dem Schreiben des Buchs beschäftigt war, sowie für ihren Beitrag und ihre Unterstützung.

Wina Wainman für die wundervollen Zeichnungen der Blüten.

Gisela, für ihr selbstloses Engagement bei der ursprünglichen Übersetzung des Buches ins Deutsche.

Lazaris für seine Liebe und Anwesenheit.

DIE EINZELESSENZEN

AFRICAN BANANA
Ensete ventricosum, Zierbanane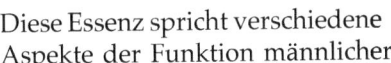

Themen: Männliche Energie;
Gleichgewicht von
Yin und Yang
Farbe: Kastanienbraun

Diese Essenz spricht verschiedene Aspekte der Funktion männlicher Energie an. Sie bringt übermäßige Yang (männliche) Energie, die sich als chauvinistisches, männliches Verhalten ausdrücken kann, mit Yin (weiblicher) Energie ins Gleichgewicht und macht dadurch weich und empfindsam. Sie lindert auch eine Überempfindlichkeit gegenüber Stress, Kritik oder Angst bei Männern, die es für sie schwierig macht, sexuell leistungsfähig zu sein. Sie hilft in Situationen, in denen Männer körperliche oder mentale Aktivität als Ventil für ihre sexuelle Energie benutzen, oft um die Verletzlichkeit zu vermeiden, die sie mit Intimität in Verbindung bringen. Die African Banana Essenz arbeitet mit dem Gleichgewicht zwischen Yin und Yang und erleichtert die Integration der Funktionen der rechten und linken Gehirnhälfte. Sie ist daher auch bei Lernschwierigkeiten hilfreich.

AGAPANTHUS

Agapanthus africanus,
Afrikanische Schmucklilie ▷

Themen: Geldthemen; Geiz
Farbe: Blau

Bei Geiz und Armutsbewusstsein, oder wenn man sich zu sehr mit Besitztümern und der materiellen Ebene identifiziert. Für Menschen, die in ihrem Leben „Geldthemen" haben, die das, was sie besitzen mit dem Gefühl anhäufen, dass nie genug da ist, oder dass ihr Wohlstand sie zu etwas Besonderem und Besseren macht. Diese Essenz ist auch für diejenigen, die Angst haben, ihre physischen Reserven zu verlieren. Sie fördert das Wohlstandsbewusstsein, ein inneres Wissen, dass Geld Energie ist, dass es keine von außen auferlegte Begrenzung gibt. Sie lässt uns erkennen, dass man alles haben kann, wenn man bereit ist, sich zu öffnen und es zu empfangen, und dass Angst und Geiz Muster sind, mit denen man sich selbst klein hält.

ALOE

Aloe ferox, Kap-Aloe ▷

Themen: Eifersucht; Neid; Gier
Farbe: Orange

Bei Eifersucht, Neid und Gier, sowie für Menschen, die Freude empfinden, wenn sie Macht über andere ausüben. Hilft bei Aggressivität, Konkurrenzverhalten und wenn eine überproportionale Menge an Energie auf Ich-Themen gerichtet ist. Für Menschen, die darüber verbittert sind, dass andere es anscheinend besser haben als sie. Dies sind Themen, die in Bezug zum ersten und zweiten Chakra stehen. Die Aloe Essenz bringt diese Chakren mit dem Kehl- und dem Scheitelchakra ins Gleichgewicht. Sie fördert dabei den Sinn für Altruismus und die Fähigkeit, wenn es angemessen ist, die Bedürfnisse anderer vorrangig zu behandeln und sich am Glück anderer zu freuen.

APRICOT

Prunus armeniaca, Aprikose

Themen: Lösung innerer Konflikte; Fähigkeit, den Blick nach vorne zu richten
Farbe: Helles Rosa

Diese Essenz fördert die Versöhnung mit den inneren Konflikten und der Wut, die im Körper unterdrückt wurden. Solche Konflikte sind oft die Ursache von Krebs. Diese Essenz ist mit ihrer Verbindung zu Laetril und Vitamin B17 eine starke Unterstützung im Erreichen und Versöhnen der emotionalen Ursachen für Krebs. Sie ermächtigt uns, Verantwortung für unser Leben zu übernehmen und die für die Gesundheit und das Wohlbefinden notwendigen Veränderungen vorzunehmen. Sie fördert Überschwänglichkeit und Entzücken für das Leben selbst.

ARISTEA

Aristea macrocarpa, Grannenlilie ⊵

Themen: Verwalter der Erde; Einstimmung auf die Natur
Farbe: Blau

Diese Essenz sensibilisiert uns für die natürliche Welt. Sie erleichtert es, die Natur als Quelle der Inspiration und heiteren Gelassenheit zu nutzen. Die Essenz lässt Ehrfurcht vor der Erde entstehen. Sie bringt uns das Bewusstsein für die persönliche Verantwortung, die jeder von uns dafür hat, dass der Planet vor Ausbeutung beschützt wird. Aristea macht uns bewusst, dass wir die Hüter unseres Planeten sind. Sie unterstützt die Entwicklung einer Liebe für uns selbst als eine Folge der Einstimmung auf die Natur, die uns hilft, uns selbst als Spiegelbild des Ganzen sehen zu können.

ARUM LILY

Zantedeschia aethiopica, Calla ⊵

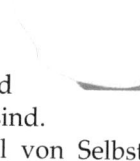

Themen: Sinn für Individualität; eigene Macht und Kraft
Farbe: Weiß und gelb

Wenn die Energien von Yin und Yang im Ungleichgewicht sind.
Diese Essenz hilft, das Gefühl von Selbst und von Individualität zu stärken. Sie befähigt uns, uns selbst zu kennen und aus einem Gefühl persönlicher Kraft

heraus zu handeln. Sie bringt einen klaren Fokus und ermächtigt uns, Verwirrung zu klären. Sie unterstützt dabei, persönliche Konflikte zu bereinigen, und die Energie der Psyche nutzbar zu machen. Dabei hilft sie uns, uns selbst zu motivieren und vertrauensvoll vorwärts zu gehen.

AUSTRALIAN TEA TREE

Leptospermum squarrosum,
Pfirsichblütiger Teebaum

Themen: Prokrastination; „Aufschieberitis"; Unfähigkeit, etwas Begonnenes zu vollenden; Durchhaltevermögen
Farbe: Rosa

Für Menschen, denen es an Absicht und dem Willen mangelt, erfolgreich zu sein. Unterstützt diejenigen, die Dinge vor sich herschieben und die leicht die Lust an begonnenen Projekten verlieren. Hilft, wenn wir selten zu Ende bringen, was wir begonnen haben. Diese Essenz stärkt den Willen und fördert den Zugang zu der zusätzlichen Energie, die es braucht, um ein Projekt zu beenden. Sie fördert die Fähigkeit, es durchzustehen. Sie hilft uns durchzuhalten, uns einem Unterfangen zu verpflichten und dabei zu bleiben.

AVOCADO
Persea Americana

Themen: Vergangenes loslassen; Negativität auflösen
Farbe: Grün

Diese Essenz ist hilfreich, wenn wir an dem Punkt, angelangt sind, an dem wir bereit sind, mit der Vergangenheit und alten Mustern zu brechen. Sie hilft uns dann dabei, unsere Anfälligkeit für alte Einflüsse zu überwinden. Sie ist auch nützlich, wenn man sich von Gedanken und Gefühlen überwältigt und verwirrt fühlt. Sie unterstützt beim Loslassen von Negativität, bringt emotionale Klarheit und zentriert den Geist. Sie harmonisiert das Yin/Yang Gleichgewicht, bringt innere Stärke und den Mut vorwärts zu gehen. Sie macht uns auch für Berührung empfindsam und hilft dabei, sich anderen emotional öffnen zu können. Die Avocado Essenz ist als Begleitung während Therapien und für Massagen besonders zu empfehlen. Sie fördert telepathische und übersinnliche Fähigkeiten und ermächtigt die Intuition.

AZALEA
Azalea Grandiflora, Azalee

Themen: Rebellion; väterliche Fähigkeiten
Farbe: Weiß

Bei Problemen mit Autoritätsfiguren. Für Menschen, die entweder übermäßig gehorsam und respektvoll sind, oder für diejenigen, die um der Rebellion willen gegen jede Autorität rebellieren. Diese Charakterzüge entstehen oft aus einer mangelhaften Beziehung zum Vater oder zur Vaterfigur. Viele Männer sind in Bezug auf die Bedeutung der Rolle, die sie als Vater spielen, wenig sensibel. Diese Essenz kann in ihnen das Bewusstsein für ihre Pflichten erwecken und hat die Fähigkeit, ihnen zu helfen, mit ihren Kindern eine Verbindung aufzubauen. Sie hilft auch, ein Bewusstsein für persönliche Macht zu entwickeln, so dass eine Überreaktion gegen äußere Autorität nicht mehr notwendig ist.

BAEOMETRA
Baeometra uniflora

Themen: Erschöpft; ausgelaugt; überwältigt
Farbe: Gelb und rot

Wenn man müde, erschöpft und ausgelaugt ist. Wenn man sich überwältigt fühlt, entmutigt und unfähig weiterzumachen. Wenn alles zu viel Mühe macht. Für Zeiten der Genesung und Rekonvaleszenz. Diese Essenz stellt Vitalität, Energie, Enthusiasmus, Lebensfreude und ein Gefühl von Wohlbefinden wieder her.

BASIL
Ocinum basilicum, Basilikum

Themen: Sexuelle Energie
Farbe: Weiß

Für Menschen, die von ihren Genitalien regiert werden und für die körperliche Befriedigung an erster Stelle steht. Bei Promiskuität und der Unfähigkeit einem Partner sexuell treu zu bleiben. Bei nicht erlaubten oder erniedrigenden sexuellen Aktivitäten oder einem zu großen Interesse an Pornografie. Die moderne Gesellschaft vermittelt zweideutige Botschaften bezüglich der Sexualität. Auf der einen Seite wird sie als das populärste Werbemittel zur Schau gestellt und auf der anderen Seite sind Vergewaltigung, Prostitution, Inzest und Kindesmissbrauch große moralische Probleme. Heuchelei in Bezug auf sexuelles Verhalten ist weit verbreitet. Sexuelle Energie ist eine machtvolle spiritualisierende Kraft. Die Schlange im Kopfschmuck des Ägyptischen Pharao symbolisiert die Erleuchtung und ist das Symbol der erwachten Kundalini, jener schlangengleichen Energie, die vom Wurzelchakra aus bis zum Scheitelchakra aufsteigt. Dementsprechend ist die sexuelle Energie ein Werkzeug, um den Zugang zu den heiligen Reichen zu erlangen. Missbrauch und Missverstehen dieser Kraft halten einen Menschen auf dem geistigen Weg zurück. Diese Essenz hilft, die Energien des ersten und siebten Chakras ins Gleichgewicht zu bringen, integriert die Pole und hilft uns dabei, ganz zu werden.

BAUHINIA

*Bauhinia galpini - Pride of the Cape,
Rote Bauhinie* 🏳

Themen: Oberflächlichkeit überdeckt die eigentlichen Themen; Integration der Kern- und Wurzel-Emotionen.
Farbe: Rötliches orange

Hilft dabei, oberflächliche Emotionen loszulassen, die tiefere Seelenthemen überdecken und verhindern, dass wir sie zu fassen kriegen. Bestimmte grundlegende Emotionen wie Zorn, Angst, Verzweiflung oder Einsamkeit mögen zu überwältigend sein, um sich damit auseinanderzusetzen oder sie zu integrieren. Deshalb erzeugen sie Aufruhr in unserem Leben, wenn sie dennoch an die Oberfläche kommen. Die echten Themen zu leugnen oder zu begraben und sich auf oberflächliche oder künstliche Themen zu konzentrieren ist unsere Schutzreaktion. Dies kann dazu führen, dass man sich Stück für Stück entfremdet und von sich selbst isoliert fühlt, da man im Wesentlichen verleugnet, wer man ist, um die Auseinandersetzung mit den Schlüsselthemen zu vermeiden. Die Bauhinia Essenz fördert die Fähigkeit, die zugrunde liegenden Wurzelemotion zu erkennen und an die Oberfläche zu bringen. Sie befähigt zu emotionaler Authentizität.

BELL GARDENIA
Rothmannia globosa, Glockengardenie

Themen: Apathie; unterdrückte Emotionen
Farbe: Creme

Für Menschen, die lustlos und apathisch sind und wenig Interesse am Leben haben. Für diejenigen, die oft krank und unfähig sind, die notwendige Lebenskraft zu aktivieren, um sich selbst zu heilen. Sie können blass, fahl und ausgelaugt erscheinen und sind sehr anfällig für Krankheiten. Gewöhnlich liegt solchen Symptomen eine schwerwiegende Unterdrückung von Gefühlen zugrunde, und die Energie, die dazu aufgewendet wird, die Emotionen zu unterdrücken, könnte nutzbringender auf das Leben gerichtet werden. Diese Essenz belebt und befreit die Lebensenergie. Sie bringt dabei oft emotionale Themen ins Bewusstsein und stellt dadurch die Vitalität wieder her. Sie erweckt den Wunsch, mit Freude am Leben teilzunehmen.

BELLADONNA LILY
Amaryllis belladonna, Belladonnalilie

Themen: Wut; Zorn
Farbe: Rosa

Bei machtloser Wut und Rage, die logische, rationale Gedanken unmöglich machen. Für Menschen mit unkontrollierbarem Temperament. Wenn man dazu neigt, die Wut zu missbrauchen und andere zu beschuldigen und zu bestrafen. Wut ist ein wirkungsvolles Werkzeug für Transformation. Um sicher zu gehen, dass sie nicht zerstörerisch benutzt wird, muss sie auf angemessene Art und Weise ausgedrückt werden. Die Belladonna Lily Essenz zentriert uns für angemessenes Handeln und bringt ein Gefühl von Wohlwollen zurück. Wenn Wut unsere Basisemotion ist und damit jedes andere Gefühl letztendlich zu dieser Wut zurückführt, dann ist diese Essenz der Schlüssel, da sie die Heilung der zugrunde liegenden Ursachen ermöglicht. Sie ist besonders hilfreich bei gewalttätigen Zornausbrüchen bei Kindern.

BLUEBELL
Endymion hispanicus, Spanisches Hasenglöckchen

Themen: Schutz der Aura; übergroße Empfindsamkeit gegenüber Sinnesreizen; Stress
Farbe: Blau

Bei Hypersensibilität gegenüber äußeren Einflüssen. Für Menschen, die sensitiv oder spirituell sehr bewusst sind und die durch dissonante Klänge aus dem Gleichgewicht geworfen werden. Hilft denjenigen, die in Städten, Einkaufszentren und großen Menschenmengen desorientiert und nicht geerdet sind. Diese Essenz ist auch für Menschen, deren Aura so empfindlich ist, dass sie in Situationen, in denen sie exzessiven Sinnesreizen oder negativen Energien ausgesetzt sind, dem „Bombardement" nicht Stand halten können. Die Bluebell Essenz hat auch einen besonderen Bezug zur harmonischen Verwendung von Klang und Ton. Sie stärkt und schützt die

Aura und ermöglicht uns, die Fähigkeit zu entwickeln, Töne zu erschaffen, die erheben und transformieren, und in Harmonie mit der Musik der Sphären ist. Sie erlaubt uns auch zentriert, geerdet und frei von Angst und Sorgen zu bleiben, unabhängig davon, was um uns herum geschieht. Sie ist wertvoll für Kinder, die Stress ausgesetzt sind, und sie ist eine Unterstützung für die Meditation.

BLUSHING BRIDE
Serruria florida, Spinnenkopf

Themen: Bringt männliche und weibliche Energie ins Gleichgewicht; Intimität
Farbe: Blassrosa

Diese Essenz hat eine starke Beziehung zur Inneren Frau. Sie fördert Weichheit und Sanftheit und erleichtert Intimität. Sie öffnet das Bewusstsein für das emotionale und spirituelle Leben und befähigt uns, Zugang zu den Informationen zu finden, die für unseren Heilungsprozess notwendig sind. Sie ist für Männer empfehlenswert, die ihre weibliche Seite verleugnen und für Frauen, die in ihrer männlichen Seite polarisiert sind. Sie fördert Intuition, Träumen und Meditation und stärkt die Verbindung zur Seele.

BORAGE
Borage officinalis, Borretsch

Themen: Mut
Farbe: Blau

Eine Essenz für Tapferkeit. Sie hilft, wenn das Herz schwer ist und wenn wir mutlos sind. Borage gibt uns Ermutigung in Zeiten, in denen die Hindernisse im Leben zu groß zu sein scheinen. Auch hilfreich, wenn man von Not und Trauer überwältigt wird. Es ist ein esoterisches Prinzip, dass jeder die inneren Ressourcen hat, die er braucht, um mit den Lektionen des Lebens auch umgehen zu können, die er selbst erschafft. Diese Essenz ist hilfreich in Zeiten des Leidens. Sie stärkt Courage und Optimismus und bringt wirklichen Mut statt einer gespielten Tapferkeit. Sie stellt die Lebenskraft wieder her und verbindet uns mit der inneren Stärke, mit der Fähigkeit zu handeln und von dem zu lernen, was das Leben zu bieten hat.

BOTTLE BRUSH
Callistemon linearis, Zylinderputzer

Themen: Mut zur Veränderung; Übergang
Farbe: Rot

Im neuen Jahrtausend hat das alte Paradigma sich verändert – die Vergangenheit ist vorbei. Wenn wir darauf bestehen, an der Vergangenheit festzuhalten und weiterhin die alten Dramen immer wieder durchzuspielen, behindern wir uns selbst dabei, vorwärts zu gehen. Diese Essenz hilft dabei, negative Verbindungen zur Vergangenheit aufzulösen. Sie erlaubt uns zu verdauen, zu assimilieren, zu integrieren und weiterzugehen. Diese Essenz ist auch an wichtigen Schnittpunkten im Leben und in Zeiten der Veränderung hilfreich. Sie gibt uns den Mut, zu neuen Realitäten voranzuschreiten.

BUCHU
Agathosma serpyllacea, Bukkostrauch

Themen: Emotionale Grenzen; Überidentifikation mit anderen; Schmerz
Farbe: Blassrosa

Für Menschen, die keine klaren emotionalen Grenzen haben und deren Aura sehr aufnahmefähig ist. Hilft denjenigen, die so sehr die Emotionen anderer fühlen und aufnehmen, dass sie nicht mehr sicher sind, welches ihre eigenen Gefühle sind und welche von außen kommen. Solche Menschen sind bestrebt, mit anderen zu verschmelzen, sich manchmal gar selbst zu verlieren – oft um dem eigenen Schmerz auszuweichen. Dies führt einerseits dazu, dass die Aura weit offen und daher leicht verunreinigt ist und andererseits, dass eine Überidentifikation mit anderen stattfindet, besonders mit bestimmten Menschen. Wenn der andere traurig oder wütend ist, werden diese Gefühle absorbiert und verinnerlicht. Es kann passieren, dass solche Menschen auf einem emotionalen Karussell leben, weil sie Wogen sich widersprechender Gefühle unterworfen sind, die vielleicht keine Basis haben, auf die sie sich beziehen könnten, und die sie daher nicht verarbeiten können. Die Buchu Essenz hilft dabei, klare Grenzen zu anderen zu etablieren, stärkt das Gefühl für sich selbst und klärt die Aura.

CALENDULA
Calendula officinalis, Ringelblume

Themen: Intellektuelle Arroganz
Farbe: Gelb

Für Menschen, die eine kalte, intellektuelle Überlegenheit ausstrahlen. Für diejenigen ohne Herz, die verletzen, die kaltschnäuzig korrigieren, die boshaft, hämisch, arrogant oder unwirsch sind. Die Essenz hilft Menschen, die unfähig sind zu hören, was andere wirklich sagen. Sie bringt Wärme, Empfindsamkeit, Demut, Mitgefühl, Empfänglichkeit und die Fähigkeit, die Botschaft hinter den Worten zu hören. Sie fördert so gegenseitiges Verstehen. Ebenso wie die Ringelblume als Heilkraut die Fähigkeit hat, Schnittwunden zu heilen, lindert diese Essenz die Neigung, andere emotional zu verletzen.

DIE SÜDAFRIKANISCHEN BLÜTENESSENZEN

CANCER BUSH
Sutherlandia frutescens, Ballonerbse ⊳

Themen: Konfrontation mit dem Schatten; innere Qual
Farbe: Orange

Diese Essenz erlaubt uns, unserem Schatten zu begegnen, in der Höhle unseres Seins mit den Dämonen der inneren Welt zu kämpfen, und die hässlichen und dunklen Aspekte unserer eigenen Natur zu transformieren. Sie bringt uns von Angesicht zu Angesicht mit dem, was wir in uns selbst fürchten und entblößt das, was in uns großen Schrecken auslöst. Sie unterstützt uns dabei, Meisterschaft und Frieden zu erlangen, indem wir durch die Erfahrung hindurchgehen, um als Sieger daraus hervorzugehen.

CAPE ALMOND
Brabeium stellatifolium, Kap-Mandel ⊳

Themen: Unsicherheit; Furcht vor dem Unbekannten; emotionale Lähmung; für persönliche Kraft und Macht
Farbe: Creme

Diese Essenz erdet und zentriert und hilft uns dabei, einen sicheren Platz im Innern zu finden, um Geborgenheit erfahren zu können. Sie erlaubt uns, aus der eigenen

Autorität heraus zu handeln. Sie spricht Angst vor dem Unbekannten, Angst vor der Zukunft, Angst vor dem Versagen, emotionale Lähmung und die Unfähigkeit voranzugehen an. Sie befähigt uns dazu, Mut und ein tiefes inneres Vertrauen zu entwickeln und zum Erforscher unseres Lebens zu werden, der aus einem Gefühl persönlicher Kraft heraus handelt.

CAPE HONEYSUCKLE
Tecomaria capensis, Kap-Geissblatt

Themen: Starre; Unbarmherzigkeit
Farbe: Orange

Für Menschen, die zu Extremen neigen oder sich in alles was sie tun fanatisch vertiefen. Die Essenz hilft auch denjenigen, die sich selbst verleugnen oder die mit sich und anderen unflexibel und sogar grausam sind. Für Menschen, die dazu neigen, oft zu übertreiben. Cape Honeysuckle eignet sich auch für Workaholics. Diese Essenz ist auch für den mäkelnden Besserwisser, der seinen eigentlichen Zorn verdrängt und dabei völlig sinnlos in Rage gerät. Solche Menschen können arrogant und selbstherrlich sein. Die Essenz bringt Mäßigung, Mitgefühl und die Fähigkeit, Dinge aus einer größeren Perspektive zu sehen.

CAULIFLOWER

Brassica oleracea, Gemüsekohl

Themen: Schock durch den Prozess der Geburt
Farbe: Gelb

Für Menschen, die das Gefühl haben, dass die Welt kein sicherer Ort ist und die daher ihren Fokus eher darauf legen, sich zu schützen, anstatt zu leben. Diese Essenz steht in besonderer Beziehung zum Kleinkind und zum Schock, der durch die Geburt und die Zeit danach entstanden ist. Sie ist jedoch in jedem Alter hilfreich, um Zugang zu dem Schmerz zu erhalten, der durch das Trauma des Eintritts in die physische Welt entstanden ist. Sie hilft uns dabei, diesen Schmerz zu lösen. Die Cauliflower Essenz ist auch für die letzte Phase der Schwangerschaft, für die Geburt an sich und danach für das Neugeborene empfehlenswert.

CHESTNUT

Castanea sativa, Edelkastanie

Themen: Visualisierung; Fähigkeit, zu spirituellen Ebenen Kontakt aufzunehmen
Farbe: Grün

Diese Essenz fördert die Fähigkeit, mit den höheren Ebenen in Verbindung zu treten, erleichtert das harmonische Öffnen des Dritten Auges. Sie bringt die unteren und oberen Chakren ins Gleichgewicht und integriert die Energien. Sie steigert die Fähigkeit zu Visualisieren und ist für Menschen hilfreich, die ihre übersinnlichen und geistigen Fähigkeiten entwickeln möchten. Sie erdet und schützt dabei vor gegebenenfalls auftretenden äußeren Einflüssen. Sie ist auch eine Unterstützung für die Meditation.

CHINKERINCHEE
Ornithogalum thyrsoides,
Kap-Milchstern ✉

Themen: Skrupelloses Verhalten; Makellosigkeit
Farbe: Weiß

Für Menschen, denen es an angemessenen moralischen Werten mangelt, und die unehrlich, skrupellos und verlogen sich selbst und anderen gegenüber sind. Die Reinheit dieser Essenz erweckt die innere Stimme des Selbst, die Stimme des Gewissens und der inneren Führung. Sie ermöglicht uns, Charakter zu entwickeln, Prinzipien aufzustellen und diese mit unfehlbarer Sicherheit in unserem Leben anzuwenden.

CHRIST THORN

Euphorbia milii, Christusdorn

Themen: Mangel an Selbstvertrauen; Selbstvernachlässigung; Depression
Farbe: Rot

Die Essenz unterstützt bei Depressionen, bei denen es um Selbstwert und ein Gefühl der Unzulänglichkeit geht. Für Menschen, die den Eindruck haben, dass sie einen Mangel oder Fehler haben. Für diejenigen, die sich selbst und ihre Bedürfnisse vernachlässigen, weil sie glauben, dass sie unwichtig sind, dass sie sich anderen unterordnen sollten, und dass sie die Bedürfnisse der anderen vor ihre eigenen stellen sollten. Für Menschen, die sich darauf konzentrieren, für andere zu sorgen, es aber eigentlich nicht gerne tun. Die Christ Thorn Essenz bringt ein Gefühl von Selbstwert. Sie hilft uns dabei, uns selbst und unsere Gefühle zu respektieren und zu ehren. Sie ermöglicht uns, dass wir uns selbst nähren und sowohl für uns selbst als auch für andere sorgen zu können.

CLIVIA

Clivia miniata, Klivie ✉

Themen: Angst um andere
Farbe: Orange

Für diejenigen, die ständig in angstvoller Erwartung von Gefahr oder Problemen für geliebte Menschen leben. Wenn wir von unkontrollierbaren Gedanken an Katastrophen geplagt werden. Bei irrationalen und zwanghaften Ängsten um die Sicherheit und das Wohlergehen anderer. Für Menschen, die ein überentwickeltes Verantwortungsgefühl haben. In einer Welt, in der unsere Gedanken, Gefühle, Glaubensmuster und Haltungen eine so wichtige Rolle dabei spielen, wie wir unsere Realität erschaffen, sind Angst und negative Gedanken äußerst zerstörerisch. Diese Essenz hilft uns dabei, uns aus einer Position der inneren Stärke heraus um andere zu kümmern. Sie fördert Ruhe und Vertrauen in die Fähigkeit, andere in Gedanken in Gesundheit, Schutz und der Erwartung von Sicherheit zu halten.

COMFREY
Symphytum officinale, Echter Beinwell

Themen: Nervensystem
Farbe: Flieder

Bei nervöser Erschöpfung, Reizbarkeit oder emotionaler Anspannung. Hilft dabei, nervöse Angewohnheiten oder Eigenarten wie z.B. Nägelkauen zu durchbrechen. Bei Nervenzusammenbrüchen oder Panikattacken. Die Comfrey Essenz beruhigt das Nervensystem und bringt es wieder ins Gleichgewicht. Sie fördert die Vitalität und löst Spannungen im Solar Plexus. Sie hilft uns dabei, ruhevollen Frieden und gelassene Heiterkeit zu fühlen.

DIE SÜDAFRIKANISCHEN BLÜTENESSENZEN

CORAL TREE

Erythrina lysistemon, Korallenbaum

Themen: Pauschalisierte Angst
Farbe: Orange

Bei allgemeiner, nicht greifbarer Furcht. Für Menschen, die zahlreiche Ängste erleben, von denen keine für sich Bestand hat, die aber in ihrer Häufung zu einer schweren Bürde werden. Ängste wie diese haben ihren Ursprung oft in Erfahrungen aus früheren Leben, die dazu geführt haben, dass im Unbewussten der Glaube verankert wurde, dass das physische Dasein nicht sicher ist. Diese Ängste manifestieren sich in der ständigen oder häufigen Erwartung von Gefahr, Verlust, Schmerz oder in Selbst-Sabotage. Die Coral Tree Essenz löst die vorherrschende Erwartung von Unheil auf. Sie wirkt auch auf einer wesentlich tieferen Ebene, um die zugrunde liegende archetypische Angst zu klären. Dazu stellt sie den Kontakt mit der Seele wieder her, der uns mit dem Gefühl von Liebe, Schutz und einem unendlichen Potential zur Freude verbindet.

CORN

Zea mays, Mais

Themen: Verbindet Geist und Materie
Farbe: Grün

Diese Essenz ist mit der Zahl Eins der Numerologie verwandt und hat die Fähigkeit, Geist und Materie, den Kosmos und die Erde, zu verbinden. Sie erzeugt dadurch eine angemessene

Verehrung für die Erde. Sie ist gleichzeitig erdend und spiritualisierend und deshalb in Zeiten spiritueller Ausdehnung hilfreich. Sie hält uns geerdet und mit der physischen Ebene verbunden, während sie gleichzeitig den spirituellen Prozess unterstützt. Sie ist daher von besonderer Bedeutung für Menschen, die desorientiert sind und wegen des Stadtlebens oder durch einen Mangel an persönlichem Raum und Platz unter Stress stehen. Nervöse Menschen und jene, die sich verpflichtet fühlen, den gesellschaftlichen Normen zu entsprechen, werden Hilfe erfahren und den inneren Raum, Kraft und Frieden finden.

COSMOS

Cosmos bipinnatus, Schmuckkörbchen

Themen: Wirre Gedankenmuster; unartikulierter Ausdruck; Kehlchakra
Farbe: Rosa

Für Menschen, die unfähig sind, sich klar auszudrücken. Für schüchterne, unartikulierte oder introvertierte Menschen. Für diejenigen, deren Gedankenmuster desorganisiert, verwirrt oder unkonzentriert sind, oder die von einer Vielzahl von Ideen zur gleichen Zeit überflutet werden. Diese Essenz bringt das Kehlchakra ins Gleichgewicht. Sie erlaubt uns, den Verstand zu fokussieren und achtsam zu sein. Sie bringt Konzentration, die Integration von Ideen und eine zusammenhängende, verständliche Ausdrucksweise. Sie ist besonders hilfreich, wenn wir in der Öffentlichkeit sprechen müssen und für Schauspieler bei Lampenfieber.

CRAB APPLE
Malus sylvestris, Holzapfel

Themen: Scham, Reue; Selbstakzeptanz
Farbe: Blassrosa

Die Essenz hilft hauptsächlich dabei, sich selbst zu vergeben und sich zu akzeptieren. Sie ist jedoch auch ein kraftvoller Reiniger für den emotionalen und den physischen Körper. Für Menschen, die sich selbst hassen, sich für sich schämen und Abscheu vor sich selbst empfinden und deren instinktive Reaktion ist, sich selbst zu beschimpfen und beschuldigen. Die Crab Apple Essenz fördert den Kontakt zur Seele, der unsere Schwingung anhebt, dadurch den Selbsthass transformiert und uns mit der Liebe Gottes, der Göttin und der Synergie all dessen was ist, in Verbindung bringt.

CRASSULA
Crassula multicava, Feenkrassula

Themen: Übermäßiger Gebrauch des Willens
Farbe: Weiß und rosa

Für Menschen mit übergroßer Willenskraft, die auf leidenschaftlichen Idealismus und blinde oder gedankenlose Hingabe an eine Sache gerichtet ist. Für Situationen, in denen die Willenskraft benutzt wird, um von anderen Gehorsam zu erzwingen oder wenn der Wille in charismatische Fähigkeiten oder einen Heldenkomplex kanalisiert wird. Solche Menschen haben ungeheure Willenskraft und Durchhaltevermögen, aber sie werden oft vom negativen Ego bestimmt und lassen dabei weder Widerspruch noch einen anderen Standpunkt zu. Wenn sie einmal auf einem Kurs sind, sind sie nicht mehr davon abzubringen – wie ein Kriegsschiff unter Volldampf. Die Crassula Essenz besänftigt und mäßigt. Sie bringt Sanftmut, Flexibilität und die Fähigkeit dort, wo es angemessen ist, auch nach geben zu können.

CUCUMBER
Cucurbita sativus, Gurke

Themen: Pessimismus, Schwarzseherei
Farbe: Gelb

Bei Pessimismus, geringem Interesse am Leben und dem Gefühl der Unterlegenheit. Für Menschen, die sich von anderen getrennt fühlen und sich mit dem Gefühl zurückziehen, alles sei zu viel. Dies ist eine Essenz für das Herzchakra. Sie verwendet die Energie der Liebe und hilft dadurch, die Vitalität neu zu aktivieren. Indem sie neue Fenster der Wahrnehmung öffnet, ermöglicht sie eine neue Hingabe gegenüber dem Prozess des Lebens.

DAFFODIL

Narcissus pseudonarcissus,
Gelbe Narzisse

Themen: Selbstkritik;
Selbsthass
Farbe: Gelb

Bei tiefen Gefühlen von Schwermut und Verzweiflung, die aus nach innen gerichteter Frustration, Selbsthass, Selbstverurteilung und beständiger Selbstkritik entstehen. Für Menschen, die es vermeiden, Wut auszudrücken. Die Essenz öffnet das Niedere Selbst für das Höheren Selbst und fördert Selbstliebe und harmonische Kommunikation, um die Urteile, die wir über uns selbst gefällt haben, revidieren zu können. Wenn wir Mitgefühl für uns selbst haben, öffnet das die Tür für einen neuen Zugang zur Schönheit, zum Staunen und zur Leidenschaft für das Leben.

DANDELION

Taraxacum officinale, Löwenzahn

Themen: Stress; Anspannung
Farbe: Gelb

Bei Stress. Für Menschen, deren Reaktion auf Stress das Bemühen ist, noch mehr zu tun und perfekt zu sein. Diese Essenz bringt Erleichterung bei Spannungen, die in den Muskeln abgespeichert sind. Trauer, die im Herzchakra, der Thymusdrüse oder dem Kehlchakra abgespeichert ist, kann ins Bewusstsein gebracht und dann losgelassen werden. Diese Essenz kann auch äußerlich angewendet werden. Die Lösung emotionaler Energie kann mitunter intensiv und heftig sein. Die Dandelion Essenz bringt inneren Frieden und Gleichgewicht. Sie besitzt ein kraftvolles Potenzial für die Reinigung des Emotionalkörpers.

DISA

Disa uniflora – Pride of Table Mountain

Themen: Dunkle Nacht der Seele
Farbe: Rot

Bei allumfassender und absoluter Verzweiflung. Wenn wir uns in der „dunklen Nacht der Seele" befinden. Für Situationen, in denen man am absoluten Tiefpunkt angekommen ist. Für Menschen, die desillusioniert, entmutigt, müde und ohne Hoffnung sind. Wenn wir glauben, dass die Zukunft düster und leer aussieht. Die Disa Essenz bringt Hoffnung, bleibendes Vertrauen, Stille und Optimismus. Sie öffnet uns für die Seelenqualitäten der Verzauberung, Schönheit und Freude und dadurch für eine neue Art des Seins.

DIE SÜDAFRIKANISCHEN BLÜTENESSENZEN

DOG ROSE
Rosa bracteata, Macartney-Rose

Themen: Nicht ausgedrückter Kummer; Unfähigkeit, tiefe Emotionen auszudrücken
Farbe: Weiß

Für verleugnete, nicht ausgedrückte oder unzugängliche Trauer und Schmerz, die im Herz- und Kehlchakra festgehalten werden. Für Menschen, denen es an den Fähigkeiten mangelt, die es für den Ausdruck von Gefühlen braucht. Diese Essenz öffnet den Fluss der Energie zum Kehlchakra und erlaubt Ausdruck und Kommunikation tiefer Gefühle – es liegt ein Zauber im Erzählen. Sie bringt Anerkennung, Integration und Annehmen des Schmerzes. Sie ist besonders empfehlenswert für Kinder, die ihre Gefühle unterdrücken.

DUNE CALENDULA
Arctotheca calendula,
Kaplöwenzahn ⌦

Themen: Zeiten des Übergangs; abgetrennt von Geist und Seele
Farbe: Gelb

Für Zeiten großer Veränderungen: Geburt, Jugend, Midlife-Crisis, Scheidung und allgemein Zeiten des Übergangs. Wenn man sich allein und von Geist und Seele abgeschnitten fühlt. Wenn man in einer dreidimensionalen Realität gefangen ist – unfähig, mit den eigenen spirituellen Führern Kontakt aufzunehmen oder um spirituellen Schutz zu bitten. Dies ist eine befreiende Essenz, die uns hilft zu erfahren, dass wir umsorgt und geführt werden und geliebt und beschützt sind. Sie bringt das innere Wissen, dass wir nie allein sind, dass die Liebe überall um uns herum ist, und dass unsere Bereitschaft sie hereinzulassen bestimmt, wie viel davon wir empfangen können. Dieses Wissen gibt uns den Mut, die Kraft und die Vision, um die Transformation, die Verwandlung und die Transzendierung der physischen Welt in Angriff zu nehmen.

ENGLISH HAWTHORNE

Crataegus oxyacantha,
Zweigriffeliger Weißdorn

Themen: Gebrochenes Herz; intensiver Kummer und Gewissensbisse
Farbe: Weiß

Für intensiven Kummer, ein gebrochenes Herz, tiefe Verletzung, unerträglichen Schmerz und Seelenqual. Solche Erfahrungen können Tore zu neuen Arten des Seins bedeuten. Aufgrund unseres gefestigten Glaubenssystems sind wir oft erst durch intensiven Schmerz bereit, uns zu ändern. Diese Essenz heilt, bringt emotionales Gleichgewicht und erleichtert die Nutzung des Schmerzes als eine Chance zur Selbst-Transformation. Sie ist wertvoll in Zeiten entkräftenden, durch emotionale Umwälzungen entstehenden Stresses.

EVENING PRIMROSE
Oenothera hookeri, Hookers Nachtkerze

Themen: Aufgabe, Verlassenheit; Ko-Abhängigkeit; sexuelle Unterdrückung; Angst vor Elternschaft
Farbe: Rosa und gelb

Diese Essenz arbeitet mit emotionalen Ungleichgewichten, die aus einer von zwei Polaritäten entstehen: Entweder Themen der Abweisung und des Verlassenwerdens in der frühen Kindheit, besonders in Bezug auf einen Mangel an Bindung zur Mutter, oder Situationen, in denen sich das Kind nicht entsprechend seiner eigenen Bedürfnisse entwickeln durfte, wo Unabhängigkeit unterbunden wurde und ein Elternteil – oft die Mutter – mit dem Kind ein gegenseitiges Abhängigkeitsverhältnis suchte. Möglicherweise wurde das Kind dabei benutzt, um ein eigenes Selbstwertgefühl herzustellen und eigene Ziele zu verfolgen. In beiden Konstellationen ist es unmöglich, dass eine gesunde, emotionale Entwicklung stattfinden kann. Diese Essenz ist hilfreich bei der Heilung der entstandenen emotionalen Mängel, die sich in einer Angst davor ausdrücken können, Verpflichtungen einzugehen, der Angst vor dem Verlassenwerden oder der Angst, von jemand anderem verschlungen zu werden. Die Evening Primrose Essenz ist auch angezeigt, wenn diese Angst die darunter liegende emotionale Ursache für eine unterdrückte Sexualität oder der Angst vor Elternschaft ist.

FELICIA
Felicia aethiopica ✉

Themen: Unglücklich;
abgetrennt
Farbe: Blau und gelb

Für Menschen, die immer wieder Stimmungsschwankungen ausgesetzt sind. Wenn man sich unkonzentriert fühlt und wegen der eigenen Unentschlossenheit, Unsicherheit und dem Gefühl des Getrenntseins unglücklich ist. Für diejenigen, die geistesabwesend und abgehoben sind, und das Gefühl haben, draußen in der Kälte zu stehen. Die Felicia Essenz bewirkt ein Gefühl der Zugehörigkeit und dass man etwas bedeutet. Sie fördert Glück, Anmut und Klarheit, sowie die Fähigkeit, sich auf die Gegenwart zu fokussieren und klare Entscheidungen zu treffen.

FIG
Ficus carica, Echte Feige

Themen: Archetypische sexuelle
Scham und Angst
Farbe: Grün

Dies ist eine Essenz, die mit der Klärung der Vergangenheit zu tun hat. Archetypisch gesehen ist die Feige verbunden mit Angst, Scham und Sexualität. Daher ermöglicht die Fig Essenz eine wirkungsvolle Transformation dieser Scham und Angst, sowie des Mangels an Vertrauen und der Paranoia, die daraus folgen. Sie hat die Fähigkeit, dabei zu helfen, die im Unterbewusstsein verborgenen Emotionen, die oft im kollektiven Unbewussten entstehen, zu lokalisieren und ins Bewusstsein zu bringen. Die Essenz ist besonders hilfreich bei Ängsten im Bereich der Sexualität, die eine Empfängnis verhindern, und bei Ängsten in Bezug auf Elternschaft. Angst blockiert die Kreativität. Wenn wir sie loslassen können – ob auf physischer, emotionaler oder spiritueller Ebene – dann räumt das den Weg für den Ausdruck der kreativen Kraft frei, die das Geburtsrecht des Menschen ist. Es ist vorteilhaft diese Essenz zu verwenden, wenn man sich auf die Empfängnis vorbereitet, und auch während der Schwangerschaft.

FLOWERING CHERRY
Prunus serrata japonica,
Japanische Blütenkirsche

Themen: Sein / Seiendheit;
inneren Frieden
Farbe: Rosa

Die „Buddha-Essenz". Flowering Cherry hat eine exquisite Seelenqualität. Sie unterstützt Sein und Sanftheit und fördert eine volle und runde Qualität im Charakter, die aus dem Raum der Leere und der Hingabe kommt. Sie erlaubt uns, uns selbst treu zu sein und mit Integrität und Charakter zu handeln. Unabhängig vom Chaos um uns herum, fördert diese Essenz inneren Frieden und innere Stille. Sie hilft dabei, das Chaos und das Unbekannte zu erforschen, als ein Mittel, um Freude zu erschaffen.

FLOWERING GUM

Eucalyptus ficifolius, Blühender Eukalyptus

Themen: Autorität; gesunder Ehrgeiz
Farbe: Rot

Für Menschen, deren Gefühl von persönlicher Autorität von anderen unterminiert wurde. Wenn die Willenskraft von beständiger, gegen sie gerichteter Kritik geschwächt wurde und man daher unentschlossen und unsicher ist, welchen Pfad man einschlagen soll. Solche Menschen suchen Autorität und Führung außerhalb von sich. Sie können manchmal verzagt und ohne Motivation sein. Die Flowering Gum Essenz bringt Menschen in ihre eigene Autorität, hilft ihnen, die angeborenen Talente zu entdecken, ihre eigenen Träume wieder zu beleben und einen gesunden Ehrgeiz zu entwickeln, um beispielsweise das Leben, das sie selbst leben wollen, zu führen und nicht das, welches ihre Eltern oder die Gesellschaft für sie auserkoren haben.

FLOWERING QUINCE

Chaenomeles japonica, Japanische Quitte

Themen: Verzweiflung; Hoffnungslosigkeit; verzweifelter Zorn
Farbe: Rot und weiß

Bei Verzweiflung, Verlust der Hoffnung oder Depression als Folge verzweifelten Zornes. Auch, wenn man das Gefühl hat, von Problemen überwältigt zu werden. Für Menschen, die den Eindruck haben, dass sie zu unrecht bestraft wurden und die daher Verwirrung und Schmerz empfinden. Diese Essenz hebt die Schwingung, bringt Verständnis und Integration der Wut. Sie hilft dabei, die Schwelle von der Verzweiflung zur Freude zu überschreiten.

FORGET-ME-NOT
Myosotis sylvatica,
Wald-Vergissmeinnicht

Themen: Gedächtnisverlust; Gefühl der Isolation
Farbe: Blau

Diese Essenz arbeitet sowohl mit Gedächtnisstörungen auf der offensichtlichen, exoterischen Ebene, als auch mit Gedächtnisverlust auf der esoterischen Ebene. Sie hat mit karmischen Beziehungen und der Verbindung zum Höheren Selbst zu tun. Wenn es kein Bewusstsein für unsichtbare Beziehungen gibt, kann man ein unerträgliches Gefühl von Einsamkeit und Isolation erfahren. Diese Essenz verleiht den Mut, andere Dimensionen, andere Realitäten und das mystische Unbekannte zu erforschen. Sie erhöht die Wahrnehmung feinstofflicher Energien und stärkt die Kommunikation mit der spirituellen Ebene. Sie bringt Besserung bei Alpträumen und bei Schlafwandeln.

FRANGIPANI

Plumeira cultivar, Wachsblume

Themen: Furcht und Schrecken; unerklärliche Angst
Farbe: Rosa

Bei Trauer und Schock karmischen Ursprungs, die durch gewöhnliche Mittel dem Betroffenen nicht zugänglich sind. Bei unmittelbarer Todesangst oder Ängsten unbekannten Ursprungs. Bei unerklärlicher Furcht, Schwermut und Angst vor Schicksalsschlägen. Für Menschen, die sicher sind, dass der Weltuntergang unmittelbar bevorsteht und solche, die im Angesicht von Schwierigkeiten leicht entmutigt sind. Auch für Zeiten, in denen die Lebenskraft in Negativität gebunden ist. Die Frangipani Essenz gibt uns den Mut, durch die Angst hindurchzugehen, indem sie die Energien befreit, die durch Gefühlsmuster blockiert wurden und für uns nicht bewusst zugänglich waren. Sie gibt Hoffnung und Optimismus für die Zukunft, eine positive Verpflichtung für das Wohlergehen des Planeten, die Fähigkeit, den Blick zielgerichtet nach vorne zu richten und andere zu ermutigen, dasselbe zu tun.

FREESIA

Fresia hybrida, Freesie 🏴

Themen: Überwältigt vom
Leben selbst;
Apathie
Farbe: Rot und gold

Bei Apathie, und wenn man sich selbst fragt: „Was hat das noch für einen Zweck?" Wenn man das Gefühl hat, dass die Probleme einfach zu groß sind. Wenn man glaubt, vom Leben selbst, statt von einer bestimmten Situation, besiegt worden zu sein. Dies ist eine lebensbejahende Essenz, die Hoffnung und Freude bringt. Sie fördert das Gefühl, dass das Leben doch lebenswert ist, dass es eine Freude ist am Leben zu sein. Sie lässt Verehrung für das Leben und den Planeten entstehen, ebenso wie den Wunsch, zu Diensten zu sein, Verantwortung zu übernehmen, von sich selbst zu geben und mit Begeisterung und Eifer teilzuhaben. „Ich kann etwas bewirken!"

FUCHSIA

Fuchsia hybrida, Freilandfuchsie

Themen: Unterdrückter Zorn
und Schmerz
Farbe: Rot und violett

Diese Essenz löst Blockaden von im Körper unterdrückten Gefühlen – „Ich wusste nicht, dass ich mich so fühlte!" – und deckt tief sitzende Wut, Schmerz und Scham auf, die im Körper gespeichert sind. Sie reinigt das Herzchakra und den Emotionalkörper, indem sie im Kopf zurückgehaltene Energie abwärts durch den Körper zum Basischakra bewegt. Sie unterstützt den Ausdruck tiefer Gefühle ohne Hemmung, so dass diese Gefühle ins Bewusstsein dringen, verstanden, und in den Prozess des Lebens integriert werden können. Dadurch werden Leidenschaft und Mitgefühl freigesetzt, damit wir sie auf kreative Weise einsetzen können.

FUMARIA
Fumaria muralis, Erdrauch

Themen: Verwandlung von Leiden
Farbe: Blassrosa und tiefrosa

Die „Christus-Essenz". Für Menschen, die glauben, dass sie leiden müssen und der Überzeugung sind, dass der Zustand des Menschseins gleichbedeutend mit Leiden ist. Bei dieser Essenz geht es um die Transformation des Schmerzes und darum, über ihn hinauszugehen. Für die meisten besteht die einzige Möglichkeit, den Schmerz zu transzendieren darin, ihn zuerst zu erfahren. Dies ist eine Möglichkeit, aber es gibt noch eine weitere: Wenn wir die hereinströmende elektromagnetische Energie, die in der physischen Welt viel Zerstörung anrichtet, freiwillig durch unsere Körper kanalisieren, verändern wir sie. Die Fumaria Essenz bringt schnelle Erleichterung bei Schmerzen und verschiebt die Aufmerksamkeit und Energie: weg vom Selbst und hin zu einer Wahrnehmung der transpersonalen Welt. Sie erweckt auch die uns innewohnende

Kraft und ermöglicht das Verständnis, wie dieser Prozess durch die Übernahme persönlicher Verantwortung für die einströmenden Energien und die globale Transformation gesteuert werden kann.

GAZANIA

Gazania krebsiana, Mittagsgold

Themen: Weibliche Sexualität und Kreativität
Farbe: Orange und schwarz

Diese Essenz arbeitet mit der Kreativität und der Sexualität der Weiblichkeit. Ihre Energie steht mit dem weiblichen Sakralchakra in Beziehung. Sie ist für die Frau, die konditioniert ist, ihre Bedürfnisse denen anderer unterzuordnen. Sie erleichtert den Ausdruck unterdrückter weiblicher Wut und stärkt und nährt die Innere Frau. Gazania eignet sich auch dazu, Hemmungen aufzulösen und hemmende Überzeugungen in Bezug auf das Thema Sexualität zu verändern. Sie hilft der Frau, die ihr Leben durch einen Mann oder ihre Kinder lebt, dabei, ihre eigene Macht und Kreativität zu finden und freizusetzen. Sie ermöglicht einer solchen Frau aufzublühen. Diese Essenz lässt sich gut mit Pomegranate kombinieren.

GERANIUM INCANUM

Geranium incanum, Geranie ✉

Themen: Rachgierige und krankmachende Gedanken; Integration des Schattens
Farbe: Purpur

Wenn man das Gefühl brütender Dunkelheit im Inneren hat, die von der Außenwelt reflektiert zu werden scheint. Für Menschen, die rachgierige, krankmachende Gedanken haben oder die in Beziehungen gefangen sind, die zerstörerisch oder von Missbrauch geprägt sind. Wenn es den Anschein hat, als ob wir Feinde, Drohungen und Gewalt magisch anziehen. Diese Essenz trägt zur Integration des Schattens bei und befreit dadurch die enorme positive und magnetische Energie, die in uns eingeschlossen ist.

GIANT PROTEA

Protea cynaroides, Königs-Protea ✉

Themen: Blockierte Kreativität
Farbe: Rosa und silber

Jeder Mensch besitzt kreatives Potential. Unsere Bestimmung ist es, Mitschöpfer mit dem Göttlichen zu sein. Durch eine Vielzahl von Faktoren wie zum Beispiel das Erziehungs- und Bildungssystem und die moderne Gesellschaft, die den kreativen Ideen von Kindern Verachtung und Negativität entgegenbringen, wird dieses Potential oft vergraben, erdrückt oder blockiert. Die Giant Protea Essenz klärt die Chakren für Menschen, die sich stumpf fühlen, denen die Lebenskraft fehlt, und die nicht in Kontakt mit ihrer kreativen Energie sind. Gleichzeitig aktiviert sie den Willen und die spirituellen Kräfte, die den freien Fluss der Kreativität ermöglichen.

GRAPEFRUIT
Citrus paradisi, Pampelmuse

Themen: Emotionale Vergiftung; Zugang zu verschiedenen Dimensionen; Kontaktverlust mit der physischen Welt
Farbe: Weiß

Diese Essenz ist für Menschen hilfreich, die den Kontakt mit der physischen Welt verloren haben. Ebenfalls hilfreich für diejenigen, die dazu neigen, übermäßig emotional und irrational zu sein, oder zu sehr auf der feinstofflichen Ebene aktiv sind. Sie erleichtert die Integration intuitiver Geistesblitze, Träume oder Erfahrungen während der Meditation, und ermöglicht es dem Menschen, sich auf harmonische Weise zwischen den verschiedenen Dimensionen zu bewegen. Die Grapefruit Essenz befreit den Körper von emotionalen Vergiftungen. Wenn die emotionalen Energien im Körper ausgeglichen werden, kann das zur spontanen Neuordnung der Schädelknochen führen.

GRAPEVINE
Vitis vinifera, Weinrebe

Themen: Selbstzerstörerische oder unberechenbare Verhaltensmuster; Drogenmissbrauch
Farbe: Grün

Die „Kateressenz". Bei dem Gefühl der Stumpfheit und einem Mangel an Vitalität und Energie auf Grund von Zügellosigkeit oder Drogenmissbrauch. Für selbstzerstörerische oder unstete Verhaltensmuster. Die Grapevine Essenz stellt die Vitalität wieder her. Sie reinigt die Aura von angehäufter Negativität und emotionaler Vergiftung. Sie hilft dabei, die Löcher in der Aura zu heilen, die durch den Gebrauch toxischer Substanzen entstanden sind. Grapevine ist ein Katalysator, der eine Veränderung im Bewusstsein hervorruft. Dadurch wird es möglich, dass harmonische und unterstützende neue Muster entstehen.

GRASSY BELL
Dierama pendula, Trichterschwertel

Themen: Tiefe Verletzung; Angst betrogen zu werden; Vertrauen entwickeln
Farbe: Rosa

Diese Essenz arbeitet mit dem Thema Verrat. Sie ist bei Menschen angezeigt, die in ihrem Leben hintergangen worden sind – vielleicht hat ein Verrat in der Kindheit ein Muster geschaffen, das im Erwachsenenleben immer wieder abgespult wird, oder es handelt sich um karmische Muster, die mit Verrat zu tun haben. Die Grassy Bell Essenz hilft dabei, diese Bereiche ins Bewusstsein zu bringen. Dadurch kann man die Rolle anerkennen, die man gespielt hat. Man kann die Lektion integrieren und Verletzung und Schmerz heilen. Die Essenz setzt sich mit dem tiefen Schmerz und der Angst vor Verrat auseinander, die solche Erfahrungen in die Psyche einbrennen und ermöglicht es, die Fähigkeit zu vertrauen wieder neu zu entwickeln. Sie ist in Beziehungen hilfreich, denn sie schafft eine Grundlage, auf der gegenseitiges Vertrauen wachsen kann. Grassy Bell gibt uns das Gefühl, dass wir beschützt sind und geführt werden. Die Essenz lässt uns der Kräfte der Liebe gewahr werden, die uns umgeben und hilft uns dabei, die Furcht loszulassen, in dem Wissen, dass es einen größeren Plan gibt.

GREEN PEPPER

Capsicum annum, Spanischer Pfeffer

Themen: Überbeschäftigung mit Detailfragen; Unfähigkeit zu delegieren; Spitzenleistungen
Farbe: Weiß

Für die übermäßig Anspruchsvollen. Für Menschen, deren Produktivität und Effektivität von ihrer Unfähigkeit, das übergeordnete Gesamtbild erkennen zu können, sabotiert werden. Für Menschen, die sich im Sumpf der weltlichen Angelegenheiten verlieren, die sich zwanghaft um Details kümmern und deren Energie sich durch diese, wie besessene Beschäftigung mit den Details erschöpft. Solchen Menschen fällt es schwer zu delegieren und sie meinen, dass sie es selbst tun müssen, wenn etwas ordentlich gemacht werden soll. Sie neigen auch dazu, die sprichwörtliche Fliege zum Elefanten zu machen. Die Green Pepper Essenz erlaubt uns, einen Schritt zurückzutreten und eine größere Übersicht zu bekommen. Sie fördert die Fähigkeit, zu delegieren und bringt die feinstofflichen Körper in Einklang. Dabei befähigt sie uns, Hervorragendes zu leisten, indem wir hochgradig eingestimmt und konzentriert, aber dennoch nicht zu sehr in die Details verwickelt sind.

GREVILLEA
Grevillea banksii, Rote Seideneiche

Themen: Beeinflussbar durch Kritik; Integration des Schattens; im Selbst zentrieren
Farbe: Rot

Für Menschen, die sich von anderen verurteilt oder unerklärlicherweise durch eine Person oder Situation eingeschüchtert und behindert fühlen. Für diejenigen, die von Kritik schwer getroffen werden und die sich leicht durch äußere Einflüsse außer Fassung bringen lassen. Die Grevillea Essenz zentriert uns in uns selbst. Sie ermächtigt uns durch die Erkenntnis, dass die äußere Realität nur die innere Realität spiegelt, dass der Ort der Kraft in uns ist, und dass sich durch die Annahme und Integration des Schattens unsere vollständige Realität ändern lässt.

HIBISCUS

Hibiscus sinensis, Chinesischer Roseneibisch

Themen: Kreative Energie zügeln
Farbe: Gold

Für feurige, kreative Menschen, die Schwierigkeiten haben, ihre Energien zu zügeln. Für diejenigen, deren Energie in viele Richtungen gleichzeitig überfließt, ohne dass sie effektiv genutzt wird. Für Menschen, die lernen müssen, ihre Fertigkeiten zu konzentrieren und zu fokussieren. Die Leidenschaft und die Lust fürs Leben, die solche Menschen haben, ist eine starke und inspirierende Kraft. Die Hibiscus Essenz hilft ihnen dabei, sie zu vervollkommnen und positiv zu lenken. Sie integriert die Leidenschaft des Charakters und die Leidenschaft der Seele und schafft damit eine wirkungsvolle Kraft, die draußen in der Welt verwendet werden kann.

HOLLY

Ilex aquifolium, Europäische Stechpalme

Themen: Tiefer Schmerz; der Wunsch andere zu verletzen; Gefühl der Entbehrung
Farbe: Creme

Für Menschen mit einem Gefühl der Entbehrung. Für diejenigen, die unter dem Gefühl der Trennung, der Entfremdung, der Abweisung oder der

Verlassenheit leiden. Diese Gefühle führen oft zu Wut, Neid oder Eifersucht. Für diejenigen, die sich gegen Schmerz verteidigen, indem sie zum Angriff übergehen. Für Menschen, die verletzen und andere zerstören wollen, um ihren eigenen Schmerz zu lindern. Dies ist eine sehr wirkungsvolle Essenz für die Heilung tiefer, verborgenen Schmerzes. Sie erlaubt dem Verständnis für den Schmerz ins Bewusstsein zu dringen, damit er transformiert werden kann.

HYACINTH

Hyacinthus orientalis, Gartenhyazinthe

Themen: Innere Stille; spirituelle Verbundenheit; Sein / Seiendheit
Farbe: Rosa

Diese Essenz fördert die Verbindung zu allem Leben. Sie ist eine hervorragende Hilfe bei der Meditation und fördert gerichtete Aufmerksamkeit und Konzentration. Sie bewirkt Stille im Geist und in den Emotionen. Sie ermöglicht dadurch das Betreten des heiligen inneren Raums und schafft Zugang zu den magischen Kräften und dem Wunder der heiligen Reiche.

HYPERICUM

Hypericum perforatum, Echtes Johanniskraut

Themen: Kosmische Energie erden
Farbe: Gelb

Diese Essenz hilft den Lichtarbeitern, die die Aufgabe übernommen haben, das kosmische Licht auf der Erde zu verankern. Das Portal ist nun geöffnet. Licht und Informationen überfluten unseren Planeten, um der Evolution des Bewusstseins zu helfen. Die Hypericum Essenz ermöglicht die Integration der einströmenden Energie. Sie erhöht unsere Frequenz, damit wir die kreativen kosmischen Strahlen aufnehmen und halten, und uns über die Grenzen persönlicher Identität hinaus bewegen können. Sie gibt uns den Mut, unseren Daseinszweck zu leben und gewährt gleichzeitig Schutz auf den psychischen und feinstofflichen Ebenen. Sie hilft auch denen, deren Verbindung mit dem physischen Körper Stärkung braucht.

IXIA

Ixia polystachya

Themen: Mangel an Vertrauen; Schüchternheit; Zaghaftigkeit
Farbe: Zartblau

Bei Schüchternheit, Zaghaftigkeit oder Introvertiertheit. Für Menschen, die sich selbst immer in die zweite Reihe stellen, und beim Kontakt mit anderen schweigsam und mit sich selbst beschäftigt sind. Für diejenigen, die sich selbst klein machen und deren Schüchternheit sie davon abhält, auf andere zuzugehen und ihnen ihre Freundschaft anzubieten. Die Ixia Essenz fördert Vertrauen und Anmut. Sie beseitigt schmerzhafte Unsicherheit und fördert ein angenehmes Wohlgefühl.

JACARANDA
Jacaranda mimosifolia, Palisanderholzbaum

Themen: Realitätsflucht; „Aufschieberitis"; Durchhaltevermögen
Farbe: Violett

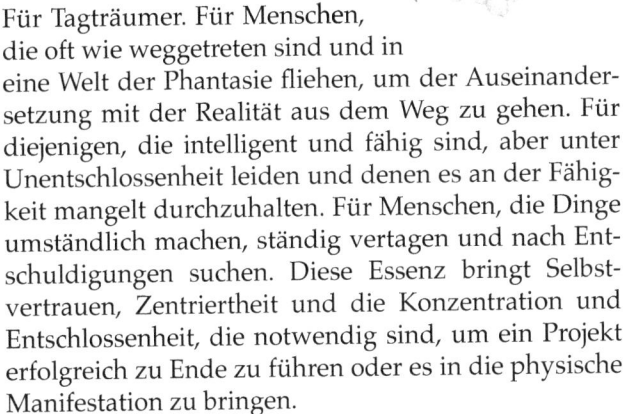

Für Tagträumer. Für Menschen, die oft wie weggetreten sind und in eine Welt der Phantasie fliehen, um der Auseinandersetzung mit der Realität aus dem Weg zu gehen. Für diejenigen, die intelligent und fähig sind, aber unter Unentschlossenheit leiden und denen es an der Fähigkeit mangelt durchzuhalten. Für Menschen, die Dinge umständlich machen, ständig vertagen und nach Entschuldigungen suchen. Diese Essenz bringt Selbstvertrauen, Zentriertheit und die Konzentration und Entschlossenheit, die notwendig sind, um ein Projekt erfolgreich zu Ende zu führen oder es in die physische Manifestation zu bringen.

KEURTJIE

Podalyria calyptrata, Süßerbsenbusch

Themen: Nährend; Elternschaft
Farbe: Rosa

Dies ist eine Essenz der Elternschaft. Sie fördert die Fähigkeit zu nähren, während sie gleichzeitig das Gefühl vermittelt, genährt zu werden. Das Bild der umfangenden Arme – sorgend und beschützend – passt gut zu dieser Essenz. Sie fördert das Vertrauen in die eigene Fähigkeit zu nähren, und hilft dabei, der eigenen intuitiven Führung zu vertrauen. Sie entwickelt so die fürsorglichen Fähigkeiten, die Eltern brauchen. Sie ist auch wertvoll um dem Inneren Kind das Gefühl zu geben, dass es umsorgt und beschützt wird. Keurtjie ist auch unterstützend bei Wochenbettdepression und für Väter.

LAVENDER

Lavendula officinalis, Lavendel

Themen: Panik; Schlaflosigkeit
Farbe: Flieder

Bei Hysterie, Panik, übermäßiger Aufregung, Überreizung und Schlaflosigkeit als Folge von Nervosität. Diese Essenz fördert das emotionale Gleichgewicht. Sie beruhigt, besänftigt und zentriert uns im physischen Körper. Sie gleicht auch das Scheitelchakra mit dem Herzchakra aus und fördert den Kontakt mit dem Höheren Selbst und den spirituellen Ebenen.

LEMON
Citrus limon, Zitrone

Themen: Wut bei Frauen; sexuelles Ungleichgewicht
Farbe: Weiß

Für Zorn bei Frauen, der nicht ausgedrückt werden durfte. Dies ist ein besonders wichtiges Heilmittel für Frauen bei denen sich dieser Zorn als Störung in den Sexual- und Reproduktionsorganen manifestiert. Sie ist auch wichtig für Frauen, die zu Extremen neigen: einerseits der Promiskuität, die die Resonanz zersetzt und vermindert, oder andererseits der sexuellen Prüderie, die einen wichtigen Aspekt des Selbst verleugnet und einen dadurch daran hindert, ganz zu werden. Die Lemon Essenz hilft dabei, die Wut zu fokussieren und mit der Macht der Weiblichkeit und Sexualität besser zurechtzukommen.

LOQUAT
Eribotrya japonica, Japanische Wollmispel

Themen: Apathie; Rückzug; Resignation
Farbe: Weiß

Für Menschen, die Angst und Furcht fühlen, wenn sie den Herausforderungen des Lebens gegenüberstehen. Für diejenigen, die versuchen dem auszuweichen, indem sie die Teilnahme am Leben vermeiden und sich zurückziehen. Manche von ihnen schlafen exzessiv, andere ernähren sich bewusst schlecht, damit es ihnen körperlich unmöglich ist, den Erwartungen anderer zu genügen und wieder andere ziehen sich in ein emotionales Durcheinander zurück, das sie vor dem Alltag schützt. Indikationen für diese Essenz sind unter anderem Apathie, Resignation oder die Unfähigkeit, den Willen zu aktivieren. Sie hilft bei der Aktivierung der Kräfte der Persönlichkeit, damit wir bewusst Verantwortung übernehmen und das Leben in die eigene Hand nehmen können. Sie ist außerordentlich hilfreich für Heranwachsende und hat sich als zusätzliche Unterstützung für die Emotionen bewährt, die ursächlich dafür sorgen, dass wir uns für dick halten, selbst wenn wir es objektiv nicht sind.

LOTUS
Nelumbo nucifera

Themen: Richtet die Energien der Chakren aus; Kontakt zur Seele
Farbe: Rosa

Als „Meisteressenz" bekannt, ist dies eine außergewöhnlich starke Blütenessenz, die vorwiegend auf das Scheitelchakra wirkt. Sie harmonisiert und gleicht jedoch auch alle anderen Energiezentren aus. Sie bringt ein authentisches Gefühl von Demut und ist ein hilfreiches Gegenmittel gegen die Auswirkungen des negativen Egos. Sie hilft dabei, den eigenen Schatten zu integrieren. Der tausendblättrige Lotus symbolisiert in den uralten Religionen die Erleuchtung, die diese Essenz durch den Kontakt mit dem Höheren Selbst und der Seele fördert. Ihre Verwendung bringt unaussprechliche Freude. Sie erlaubt uns den Zugang zum eigenen Schicksal – wir finden die Schätze des Wahren Selbst – sowie zur eigenen Seele und zum eigenen Geist.

MAIDENHAIR FERN
Adiantum poirettii, Frauenhaar

Themen: Sensitivität; spirituelle Einstimmung
Farbe: Grün

Diese Essenz gibt uns die Fähigkeit, die wahren Bedeutungen zu erkennen, die hinter getroffenen Entscheidungen, Mustern und Ereignissen liegen, die man im Laufe des Lebens manifestiert. Sie erlaubt uns, unseren Daseinszweck wertzuschätzen. Sie bringt eine Qualität feiner Sensitivität hervor, die die Schwingung verändert, die Resonanz anhebt und ebnet den Weg für Richtungsänderungen, die wir auf unserem Lebensweg vornehmen müssen. Sie hilft, die kleine, leise, innere Stimme zu hören und sich lieber ihr als Ratgeber zuzuwenden, als sich auf Unterstützung von außen zu verlassen.

MANGO

Mangifera indica

Themen: Universelle Liebe und Mitgefühl
Farbe: Grün

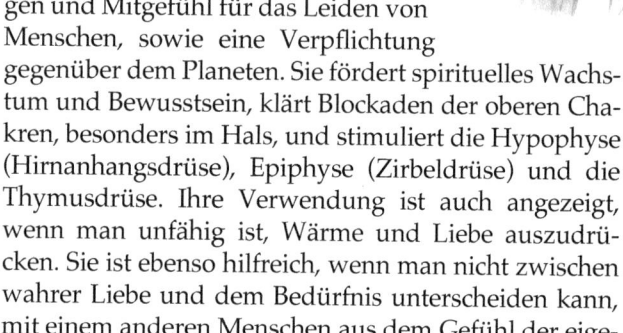

Das Leitmotiv dieser Essenz ist Liebe. Sie bringt eine universelle, christusähnliche Liebe, Einfühlungsvermögen und Mitgefühl für das Leiden von Menschen, sowie eine Verpflichtung gegenüber dem Planeten. Sie fördert spirituelles Wachstum und Bewusstsein, klärt Blockaden der oberen Chakren, besonders im Hals, und stimuliert die Hypophyse (Hirnanhangsdrüse), Epiphyse (Zirbeldrüse) und die Thymusdrüse. Ihre Verwendung ist auch angezeigt, wenn man unfähig ist, Wärme und Liebe auszudrücken. Sie ist ebenso hilfreich, wenn man nicht zwischen wahrer Liebe und dem Bedürfnis unterscheiden kann, mit einem anderen Menschen aus dem Gefühl der eigenen Unzulänglichkeit heraus zusammen zu sein.

MAPLE

Acer nagunda, Eschen-Ahorn

Themen: Arbeitssucht; Workaholic; übermäßiger Gebrauch des Willens
Farbe: Grün

Für Menschen, die sprichwörtlich „die Kerze an zwei Enden anzünden" und sich ständig übernehmen. Für diejenigen, die ihre Willenskraft dazu benutzen, sich bis zur physischen Erschöpfung anzutreiben, besonders wenn sie ein bestimmtes Ziel haben, das sie erreichen möchten. Für Arbeitssüchtige und Workaholics. Die Essenz harmonisiert die kreative Energie und Lebenskraft und bringt sie wieder ins Gleichgewicht. In Phasen physischen Wachstums fördert sie das Gleichgewicht zwischen den physischen und den charakterlichen Kräften. Die Maple Essenz kanalisiert die kraftvoll einströmende Energie, ohne sie einzuengen. Sie ist besonders gut für Heranwachsende und in der Pubertät.

MARIGOLD

Tagetes patula,
Aufrechte Studentenblume

Themen: Skepsis; Aggression
Farbe: Gold

Für Menschen, deren einziger Fokus auf der physischen Ebene liegt und die alles abtun, was nicht wissenschaftlich oder durch logische und schlüssige Argumentation nachweisbar ist. Für materialistische, skeptische Menschen, die mit Angst oder Aggression reagieren, wenn sie mit etwas konfrontiert werden, das nicht mehr mit den fünf Sinne greifbar ist. Für diejenigen, die dann argumentieren und gehässig werden. Diese Essenz stimuliert die Funktion der rechten Gehirnhälfte. Sie vermindert die Notwendigkeit für konkrete Beweise, stärkt die Intuition und fördert die Qualitäten der Kommunikation und der Empfänglichkeit. Sie hilft dabei, sich für die Möglichkeit der Existenz anderer Realitäten zu öffnen, indem sie ein Bewusstsein von anderen Ebenen entstehen lässt, die jenseits der Grenzen des logischen Verstands liegen und die darauf warten, entdeckt zu werden.

MOCK ORANGE
Philadelphus coronarius,
Europäischer Pfeifenstrauch

Themen: Zuversicht für Männer; Expansion der männlichen Energie
Farbe: Weiß

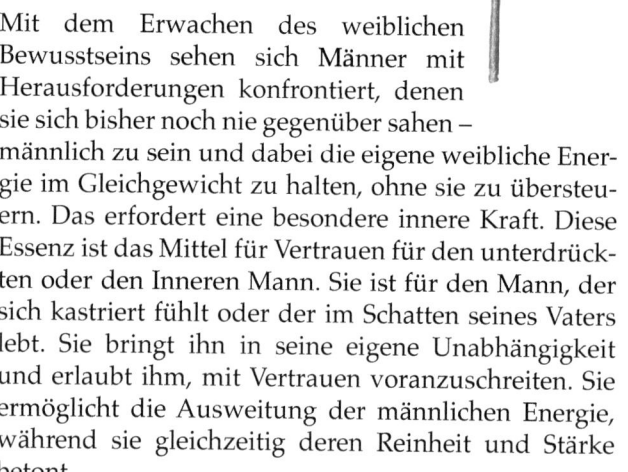

Mit dem Erwachen des weiblichen Bewusstseins sehen sich Männer mit Herausforderungen konfrontiert, denen sie sich bisher noch nie gegenüber sahen – männlich zu sein und dabei die eigene weibliche Energie im Gleichgewicht zu halten, ohne sie zu übersteuern. Das erfordert eine besondere innere Kraft. Diese Essenz ist das Mittel für Vertrauen für den unterdrückten oder den Inneren Mann. Sie ist für den Mann, der sich kastriert fühlt oder der im Schatten seines Vaters lebt. Sie bringt ihn in seine eigene Unabhängigkeit und erlaubt ihm, mit Vertrauen voranzuschreiten. Sie ermöglicht die Ausweitung der männlichen Energie, während sie gleichzeitig deren Reinheit und Stärke betont.

MORNING GLORY
Ipomoea purpurea, Prunkwinde

Themen: Ungleichgewicht im Wach- und Schlafrhythmus; Drogenmissbrauch
Farbe: Blau

Diese Essenz bringt Harmonie und Gleichgewicht in die Wach- und Schlafmuster, besonders für Menschen, die Schwierigkeiten haben, einzuschlafen oder aufzustehen. Sie ist auch für Menschen geeignet, die für jede Art von Suchtverhalten anfällig sind, die Drogen als ein Mittel der Flucht verwenden oder die von Stimulantien abhängig sind, um die nötige Energie zu haben, um es durch den Tag zu schaffen. Die Morning Glory Essenz richtet die natürliche Energie des Körpers aus, stärkt den Willen und gibt Gelassenheit. Sie ist auch für die Meditation hilfreich.

MOUNTAIN CABBAGE TREE
Cussonia paniculata, Kohlbaum ✉

Themen: Weigerung erwachsen zu werden; Rebellion; Ablehnung von Verantwortung; Projektion
Farbe: Grünliches Gelb

Für Menschen, die sich weigern, erwachsen zu werden. Für diejenigen, die bezüglich ihres Alters aber nicht bezüglich ihres Verhaltens erwachsen sind, die rebellieren oder sich an ihre Kindheit klammern und sich weigern reif zu werden, Verantwortung zu übernehmen oder ihren Teil beizutragen. Für Menschen, die unfähig sind, zu akzeptieren, dass Arbeit und Pflichten ein Teil des Erwachsenseins sind. Solche Menschen verwenden oft weiterhin den Jargon ihrer früheren Jahre und haben unberechenbare oder unverantwortliche Verhaltens- oder Arbeitsmuster. Sie vermeiden die Verantwortungen und Verpflichtungen des Erwachsenseins und Elternseins. Sie sehen sich vielleicht als das „kleine Mädchen" oder den „kleinen Jungen" ihrer Eltern und neigen dazu, in Beziehungen den Elternteil auf ihren Partner zu projizieren und wieder die Muster der Kindheit oder Pubertät durchzuspielen. Diese Essenz hilft ihnen dabei, Bewusstsein und Perspektive zu entwickeln. Indem wir erkennen, was geschieht und es ins Bewusstsein bringen, ist es möglich sich zu ändern – zu wachsen, zu reifen und willentlich Verantwortung zu übernehmen.

MOUNTAIN DAHLIA
Liparia splendens, Bergdahlie

Themen: Mangel an Sensibilität anderen gegenüber; egozentrisch
Farbe: Gelb und rot

Für Menschen, die in Bezug auf das Leiden anderer gefühllos und blind sind. Für diejenigen, die so sehr mit sich selbst beschäftigt sind, dass sie in ihrer eigenen Welt leben. Die Mountain Dahlia Essenz hilft dabei, die Fähigkeit zu entwickeln, andere wirklich zu sehen. Sie verfeinert die Sensibilität und die intuitiven Fähigkeiten, und unterstützt dabei Empathie und Mitgefühl zu entwickeln. Dies ist eine wertvolle Essenz für Beziehungen. Sie erhöht die Empfindsamkeit für die Gefühle anderer, bringt die Kräfte der Seele hervor, wirkt dem negativen Ego entgegen und fördert die Fähigkeit zu heilen und für andere zu sorgen. Sie verbessert auch die telepathischen Fähigkeiten.

MOUNTAIN ROSE
Protea nana, Zuckerbusch

Themen: Tiefer oder existentieller Schmerz; Selbstmordgedanken
Farbe: Tiefrot

Bei intensiver Einsamkeit oder tiefem, existentiellem Schmerz und wenn man deswegen nicht mehr leben will. Solch ein Schmerz kann einen über die Grenzen der Persönlichkeit hinaus tragen. Diese Essenz verlagert die Konzentration des Bewusstseins vom Niederen zum Höheren Selbst. Sie erlaubt der Freude durchzudringen, um das Muster von Angst und Schmerz zu durchbrechen. Sie führt ein neues Reaktionsmuster ein und erschafft ein Tor zu einer leuchtenden Vision für eine erfüllte Zukunft.

NASTURTIUM
Trapaeolum majus, Große Kapuzinerkresse

Themen: Überbetonung des Intellekts
Farbe: Orange und gelb

Für den überbetonten Intellekt. Lindert mentale Anspannung durch Studium oder Überarbeitung. Die Nasturtium Essenz erzeugt ein Gleichgewicht zwischen den Chakren am Kopf und den unteren Chakren.
Diejenigen, die dazu neigen zu sehr im Kopf zu sein, wird diese Essenz mehr in ihren physischen Körper bringen. Sie wird sie mit der Lebendigkeit und Wärme des ersten, zweiten und dritten Chakras in Verbindung bringen und dabei diese Energie ausweiten und verteilen.

NICOTIANA
Nicotiana alata, Flügeltabak

Themen: Gefühl etwas nicht zu verdienen; Trennung; Betäubung der Gefühle; Rauchen
Farbe: Rot

Für Menschen, die sich von der Erde abgeschnitten und getrennt fühlen. Für diejenigen, die das Gefühl haben, dass sie es nicht wert sind und es nicht verdienen, und deshalb zerstörerische Verhaltensmuster entwickeln, wobei es ihnen gleichgültig ist, ob sie sich selbst dabei schaden oder ob gar die Erde Schaden nimmt. Diese „Was geht mich das an?" Einstellung kommt von dem Gefühl des Getrenntseins, der Isolation und des Schmerzes – es sind genau die Gefühle, die durch den Gebrauch des Tabaks betäubt werden. Die Nicotiana Essenz lindert den emotionalen Schmerz, indem sie die Verbindung mit der Erde wieder stärkt, das Herzchakra öffnet und ein Gefühl von Ganzheit vermittelt. Ihre primäre Verwendung liegt darin, dass sie die emotionale Abhängigkeit vom Tabak durchbricht. Dadurch ist es viel einfacher, die physische Abhängigkeit zu heilen.

OAK
Quercus robur, Stieleiche

Themen: Stabilisierung nach Schock oder Trauma
Farbe: Grün

Für Menschen, die auf physische oder emotionale Weise entwurzelt wurden – durch Scheidung, Tod, Emigration oder durch einen Umzug in eine andere Stadt. Auch für Reisende oder für all diejenigen, die sich vorübergehend von ihren Wurzeln abgeschnitten fühlen. Die Oak Essenz fördert ein Gefühl von Erdung und die Verbindung zu den eigenen Wurzeln. Sie hilft dem Körper dabei, sich nach einem Unfall oder Schock zu stabilisieren. Sie ist auch vor oder nach operativen Eingriffen empfehlenswert.

ORANGE
Citrus sinensis

Themen: Emotionale Anspannung; zu intensive Emotionen
Farbe: Weiß

Bei überwältigender emotionaler Anspannung und Hysterie. Diese Essenz beruhigt überreizte Gefühle und kühlt sie ab, damit wir sie erforschen können. Sie ist hilfreich in zwanghaften Beziehungen, in denen es den Beteiligten unmöglich ist, objektiv zu sein. Die Orange Essenz fördert Vernunft und emotionale Klarheit. Sie hilft Löcher in der Aura zu heilen und ist unterstützend bei der Arbeit mit Besessenheit.

ORANGE PINCUSHION
Leucospermum cordifolium,
Orangener Nadelkissen-Silberbaum

Themen: Archetypische Angst; Schock; Panik
Farbe: Orange

Bei Schock, Trauma, Panik, archetypischer Furcht und Todesangst, wobei es egal ist, ob der Ursprung der Angst real oder unbegründet und irrational ist – die Ursache spielt keine Rolle. Diese Essenz hilft uns dabei, uns zu erden und zu zentrieren und bringt Mut, Stille und Frieden. Für alle Notfallsituationen und auch bei Alpträumen. Eine große Hilfe, wenn wir einen lieben Menschen oder ein Tier verloren haben.

ORANGE WATSONIA
Watsonia tabularis

Themen: Grausamkeit;
Skrupellosigkeit;
Unbarmherzigkeit
Farbe: Orange

Für sehr aggressive Menschen, die meinen, alles zu wissen, egozentrisch sind, und möglicherweise grausam und ohne Mitgefühl. Für Menschen, die keine Rücksicht auf andere nehmen und sich keinerlei Gedanken um ihre Wirkung auf die Gefühle anderer machen. Wenn man andere rücksichtslos übergeht und dazu neigt, tyrannisch zu sein. Diese Essenz hat eine besänftigende Wirkung, die empfindsamer macht. Sie fördert Einsicht und das Erkennen der intensiven eigenen Wirkung auf andere. Damit befähigt sie uns, die Verantwortung für die eigenen Worte und Taten zu übernehmen. Die Orange Watsonia Essenz ermöglicht eine Transformation, während sie die Qualitäten hervorbringt, die uns befähigen, andere zu inspirieren und zu führen.

OREGANUM
Oreganum marjorana, Majoran

Themen: Anmut; Leichtigkeit
Farbe: Weiß

Dies ist die Essenz der Anmut. Sie fördert die Fähigkeit zu sein, wer man ist, ohne sich zu verstellen oder zu tun als ob. Dadurch ermöglicht sie, dass andere in unserer Gegenwart auch sie selbst sein können. Dies ist eine Essenz, die Vertrauen vermittelt, aber Anmut ist mehr als Vertrauen: Sie ist eine Gabe, die alle ehrt, die mit ihr in Berührung kommen.

OXALIS

Oxalis incarnata, Sauerklee ▷

Themen: Gefühl der Minderwertigkeit; Arroganz
Farbe: Blassrosa

Für Menschen, die einen Minderwertigkeitskomplex und Selbsthass mit einer aufgeblasenen Selbstgefälligkeit und scheinbarer Überlegenheit überdecken. Für Menschen, die dazu neigen, anderen gegenüber arrogant und überheblich zu sein. Diese Essenz ermöglicht es, dass man die Rüstung ablegt. Sie fördert Selbstwert, Demut und das Bewusstsein der allumfassenden Liebe und der Bedeutung jedes einzelnen als ein Teil des Ganzen.

PAINTED LADY

Gladiolus carneus, Fleischrosa Gladiole ▷

Themen: Eifersucht; Abneigung; Argwohn; Groll; Bitterkeit
Farbe: Blass- und tiefrosa

Für Menschen, die eifersüchtig sind, die beschuldigen, Groll empfinden, nicht vergeben können oder wollen und argwöhnisch sind. Für Menschen, die verbittert und voller Rache und Wut sind. Dies sind genau die Gefühle, die zu Arthritis führen, indem sie den Körper verhärten. Sie können auch Schlaganfälle hervorrufen und das Herz gegenüber der Liebe in der Welt verhärten. Die transformierende Painted Lady Essenz löst die eingelagerten giftigen Emotionen und ermöglicht, dass Vergebung, Freude und bedingungslose Liebe ins Herz hineinströmen.

PANSY
Viola tricolor,
Wildes Stiefmütterchen

Themen: Dünnhäutig; Angst vor Verletzlichkeit
Farbe: Violett

Für Menschen, die dünnhäutig und sehr verletzlich sind. Für diejenigen, die sich Kritik zu sehr zu Herzen nehmen, die besonders empfindsam gegenüber Missbilligung sind, und die daher Angst haben, sich anderen gegenüber zu öffnen. Diese Essenz stärkt das Gefühl für das Selbst und hilft dabei, die Fähigkeit zu entwickeln, sich selbst schützen zu können, ohne gleich in die Verteidigung gehen zu müssen. Sie bringt Wärme, Verständnis für und Mitgefühl mit dem Selbst. Sie wirkt auch verstärkend auf die Intuition.

PARSLEY

Petroselinum crispium, Echte Gartenpetersilie

Themen: Perfektionismus;
Selbstkritik;
verweigert sich
Lebensfreude
Farbe: Grün

Bei übertriebenem Perfektionismus. Für Menschen, die sich zwingen, gemäß ihrer eigenen hohen Ansprüche zu leben. Für diejenigen, die zu selbstkritisch sind und sich die Freuden des Lebens versagen. Diese Essenz fördert die Fähigkeit, sich selbst zu vergeben, bringt Toleranz, Spontaneität und Ausdehnung. Sie erlaubt eine Verbindung mit den sanften, nährenden Qualitäten der Seele.

PEACH

Prunus persica, Pfirsich

Themen: Melancholie;
Nachwirkung von
Traumata; Angst
vor Schmerz
Farbe: Rosa

Für Menschen, die zu Melancholie neigen. Bei tief sitzender Trauer. Lindert die Folgen vergangener Traumen oder alte Trauer, die immer noch die Gegenwart beeinflussen. Für Menschen, die sich aus Angst vor Schmerz schützen, indem sie ihre Aura zusammenziehen. Die Peach Essenz hat wunderbare stärkende, lindernde und heilende Qualitäten. Sie erlaubt die Ausdehnung unseres Energiefelds und die Aufnahme von lebendigen Energien, die die eigene Schwingung erhöhen und den Umgang mit Schock und Verletzungen in den feinstofflichen Körpern erleichtern.

PELARGONIUM

Pelargonium vitifolium, Duft-Pelargonie

Themen: Einsamkeit; Isolation
Farbe: Rosa und kastanienbraun

Für Menschen, die sich einsam, isoliert und fremd fühlen. Für diejenigen, die nicht wissen, wie sie die Kluft überwinden können. Für Menschen, die sich von anderen abgeschnitten fühlen, die verzweifelt, allein in der Welt und von Geist und Seele getrennt sind. Die Pelargonium Essenz lindert den Schmerz, bringt ein Gefühl von Einheit, Frieden und Freude. Sie unterstützt uns dabei, dass wir zulassen können, uns zu ändern und tiefgehende Beziehungen anzuziehen. Sie ist auch hilfreich für die Meditation, für die Integration von Bewusstsein und Unterbewusstsein und sie fördert die sinnvolle Nutzung von Träumen.

PERIWINKLE
Vinca major, Großes Immergrün

Themen: Das „Schwert im Herzen"; Zerschlagung der Ideale
Farbe: Blau

Das mit dieser Blüte assoziierte Bild ist das des „Schwertes im Herzen". Das Hauptthema dieser Essenz ist die ursprüngliche Verwundung, die jeder von uns gewöhnlich in der Adoleszenz erfährt, und die für die Entwicklung zwar notwendig, jedoch dennoch unsagbar schmerzhaft ist. Diese Verwundung wird in verschiedenen Lebensumständen immer wieder durchgespielt. Sie gibt uns dadurch die Gelegenheit zu heilen. Diese Essenz ist besonders in solchen Zeiten hilfreich. Sie ist auch nützlich, wenn die Frau durch den Mann verletzt wird, sei dies der Innere oder Äußere Mann oder die Innere oder Äußere Frau. Sie ist ebenso für die Fälle geeignet, in denen zerschmetterte Ideale zu Zynismus führen. Es sind diese Hiebe ins Herz, die dazu führen, dass so viele ihr Herzchakra geschlossen halten. Die Verwendung der Periwinkle Essenz erlaubt die Heilung des Herzens, lindert das Gefühl der Enge und öffnet das Herzchakra. Sie gibt uns die Stärke, die notwendig ist, um den Schmerz zu integrieren. Sie stellt die Ideale und den Mut wieder her, die es braucht, um das Selbst zu erforschen und auszudehnen. Sie hilft dabei, die Herausforderung willkommen zu heißen, über die Schwelle zu treten und neue Formen und Muster im Leben zu etablieren.

PETUNIA

Petunia hybrida, Garten-Petunie

Themen: Visualisierung;
die Fähigkeit für
kreatives Träumen
Farbe: Violett

Für kreatives Visualisieren und Inspiration. Für die „Traumweber". Die Essenz ermöglicht die Erkenntnis: „Wenn du es erträumen kannst, kannst du es auch haben." Sie erzeugt ein Gefühl von wunderbarem Erstaunen, bringt die Träume in greifbare Reichweite, gibt die Fähigkeit, die Zukunft zu erträumen und über die besten Optionen für sie nachzusinnen. Sie bringt ein inneres Wissen, dass es keine Grenzen gibt, und dass in einer selbst erschaffenen Realität alles möglich ist.

PINE

Pinus pinaster, See-Kiefer

Themen: Selbstkasteiung;
Selbstvorwürfe;
Reue
Farbe: Braun

Bei Selbstvorwürfen, überzogener Selbstkritik, Selbstverurteilung, Selbstkasteiung und Schuldgefühlen. Für Menschen, die darauf bestehen, sich verantwortlich zu fühlen, unabhängig davon, ob es angemessen ist oder nicht. Wenn man nie mit sich zufrieden ist. Diese Essenz ermöglicht es uns, der inneren Führung zuzuhören und unser Leben in Einklang mit dem Höheren Selbst zu leben. Dabei kann man die Schuldgefühle loslassen und sich von der Selbstanklage befreien – im Vertrauen auf das Wissen, dass die richtige Handlung für alle förderlich ist.

PINK BELL HEATHER

Erica gracilis, Rosa Glockenheide ⊵

Themen: Selbsttäuschung; mangelnde Aufrichtigkeit in den eigenen Motiven
Farbe: Rosa

Diese Essenz ist hilfreich, wenn die innere Absicht und Motivation von der äußeren Absicht und Handlung abweichen. Wenn Selbsttäuschung und Mangel an Aufrichtigkeit in den eigenen Motiven oder konfliktbeladene oder verwirrte Gedanken und Gefühle den äußeren Handlungen zugrunde liegen, dann hilft diese Essenz, die Täuschung zu durchschauen. Dadurch erlaubt sie es uns, mit höchster Integrität zu handeln, Prinzipien zu entwickeln, die Reinheit der Absicht und die Wahrheit des Höheren Selbst hervorzubringen.

PINK WATSONIA

Watsonia borbonica

Themen: Seine Mitte finden; Grenzen festlegen
Farbe: Rosa

Diese Essenz beruhigt den Geist. Sie bringt Klarheit und Konzentration, wenn man sich zerstreut und gleichzeitig in alle Richtungen gezogen fühlt. Für Menschen, die unfähig sind Nein zu sagen, oder klare Grenzen zu setzen. Für diejenigen, die ihr Leben leben, indem sie tun, was andere von ihnen erwarten. Die Pink Watsonia Essenz hilft uns zu entdecken, was für die Selbsterfüllung wichtig ist. Sie zentriert und schafft einen inneren Raum, in dem man seine persönlichen Träume und positiven Ambitionen entdecken kann.

PLUM

Prunus americana,
Amerikanische Wildpflaume

Themen: Gefühl nichts wert zu sein, nichts zu verdienen; nicht bereit zu empfangen
Farbe: Rosa

Für Menschen, die glauben, sie verdienten etwas nicht, und die sich daher weigern, sich zu erlauben, etwas anzunehmen. Für diejenigen, die immer geben, aber sich unwürdig oder verpflichtet fühlen, wenn sie etwas annehmen sollen. Die Plum Essenz klärt die Vergangenheit, so dass man ganz in der Gegenwart sein kann. Sie durchbricht karmische Muster und fördert die Bereitschaft, Liebe zu empfangen und Gunst und Belohnungen zu ernten.

PLUMBAGO

Plumbago auriculata, Kap-Bleiwurz

Themen: Scham; geringes Selbstwertgefühl; wenn man sich dem Willen anderer unterwirft
Farbe: Blau

Jeder hat Schamgefühle. Diese Essenz ist jedoch für Scham, die in geringes Selbstwertgefühl mündet und dazu führt, dass man glaubt, etwas nicht verdient zu haben. Sie ist für Menschen, die sich schon für ihre bloße Existenz entschuldigen. Sie hilft auch denjenigen, die sich immer zuerst selbst die Schuld geben und daher glauben, dass sie sich dem Willen und den Wünschen anderer unterwerfen müssen, um deren Gunst zu erlangen. Für Menschen, die zulassen, dass sie schikaniert oder leicht manipuliert werden, weil sie ihrem eigenen Urteilsvermögen nicht vertrauen können. Die Essenz hilft uns, mit der Integrität und Stärke unseres wahren Selbst in Verbindung zu treten. So erlaubt sie uns, mehr und mehr der eigenen Intuition und inneren Führung zu vertrauen. Ein gutes Mittel für Heranwachsende.

POMEGRANATE

Punica granatum, Granatapfel

Themen: Weibliche Identität; weibliche Kreativität
Farbe: Rötliches Orange

Eines der wichtigsten Mittel für das Gleichgewicht zwischen der Inneren Frau und dem Inneren Mann. Diese Essenz kann gut in Verbindung mit Sunflower verwendet werden. Sie hilft, die Anforderungen von Beruf und Haushalt ins Gleichgewicht zu bringen. Sie trägt zu der Entwicklung einer weiblichen Identität bei und setzt dadurch Wellen weiblicher Kreativität frei. Die Pomegranate Essenz ist besonders hilfreich für die moderne Frau, die danach strebt eine „Superfrau" zu sein. Sie ist in der Pubertät, während der Schwangerschaft und in den Wechseljahren nützlich. Pomegranate hilft ebenfalls bei sexuellen Themen oder bei allem was mit den Kräften der Weiblichkeit und der Fortpflanzung in Verbindung steht.

POMPOM TREE

Dais cotinifolia, Pompom-Baum ⊳

Themen: Angst vor Verletzlichkeit; Angst vor Ablehnung; Scham
Farbe: Rosa

Für Menschen, die intime Beziehungen und Freundschaften vermeiden, weil sie Angst davor haben, dass andere, wenn sie sie kennenlernen, die "schreckliche Wahrheit" erfahren könnten. Für diejenigen, die Angst vor Zurückweisung haben, deren Ursprung in einem vergangenen Leben oder einem Kindheitstrauma liegt und die so intensiv ist, dass sie ihre Gefühle und Bedürfnisse hinter einer Fassade von Selbstgenügsamkeit verbergen. Für Menschen, die niemals jemanden nah an sich heran lassen, weil sie an einer tief sitzenden Scham oder schrecklicher Angst vor Verletzlichkeit leiden. Die Pompom Tree Essenz gibt ihnen den Mut, emotionalen Kontakt zu riskieren, andere in ihr Leben zu lassen, zu heilen und wieder in die Familie der Menschheit zurückzukehren.

RED CAMELLIA
Camellia appacia, Rote Kamelie

Themen: Schock und Angst des Inneren Kindes
Farbe: Rot

So wie die Blüte der Kamelie, sind Kinder sehr verletzlich. Dies weist ebenso auf die Sensibilität des Inneren Kindes hin. Die Red Camellia Essenz arbeitet mit dem Inneren Kind und lindert Schock und Angst aus der tatsächlichen Kindheit. Sie steht mit dem Basischakra in Beziehung und hilft uns dabei, mit dem kindlichen Bedürfnis umzugehen, perfekt sein zu wollen, damit man geliebt wird. Sie hilft dabei, mit dem Inneren Kind Kontakt aufzunehmen und erleichtert die Heilung seiner Ängste und Verletzungen. Darüber hinaus befähigt sie das Erwachsenen-Ich dazu, das Innere Kind zu lieben und ermöglicht dadurch den Zugang zum magischen Kind in uns.

RED ERICA

Erica cerinthoides,
Südafrikanische Heide ⊵

Themen: Hypochondrie;
Selbstmitleid; Scham
Farbe: Rot

Bei Hypochondrie. Für Menschen, die aus dem Bedürfnis heraus, andere kontrollieren und um sich behalten zu wollen, ständig körperliche Beschwerden manifestieren. In diesem Prozess bestrafen sie sich gleichzeitig selbst mit dem physischem Leiden. Wenn man sich selbst Schmerzen zufügt und bei psychosomatischen Krankheiten, die bewirken sollen, die Energie und Aufmerksamkeit anderer zu binden. Die Red Erica Essenz erlaubt die Heilung der Scham, die diesem Verhaltensmuster zugrunde liegt. Sie fördert Selbstwertgefühl und Selbstgenügsamkeit. Sie gibt das Gefühl geerdet zu sein und von der Erde unterstützt zu werden.

RED HOT POKER

Kniphofia uvaria, Schopf-Fackellilie ⊵

Themen: Missbrauch; Rückzug
Farbe: Rot und gelb

Für Menschen, die körperlich, mental oder emotional missbraucht wurden, und bei denen dieser Missbrauch dazu geführt hat, dass sie unfähig sind zu fühlen. Wenn die Tür zu offener

Kommunikation, Vertrauen und dem warmherzigen Austausch zwischen Menschen zugeschlagen wurde. Wenn die Fähigkeit, auf andere zuzugehen, nicht mehr vorhanden ist. Wenn man sich in eine kalte Festung tief im Innern zurückgezogen hat. Diese Essenz durchbricht die Schranken und öffnet uns für die Wärme und Fürsorge anderer, so dass Heilung geschehen kann.

RHODODENDRON
Rhododendron hybrida

Themen: Starre; Sturheit; Kontrolle
Farbe: Flieder

Bei Sturheit, Dogmatismus, der Weigerung sich zu ändern, Starre und Festhalten an der Vergangenheit. Für Menschen, die glauben, dass es nur eine einzige Art gibt, die Dinge zu tun. Für die übermäßig Konservativen. Für Menschen, die in ihrem Leben immer wieder die Muster der Vergangenheit wiederholen. Die Rhododendron Essenz hilft uns zu sehen, was wirklich in einer Situation geschieht. Sie unterstützt uns dabei, dem Prozess zu vertrauen und uns für das Wachstum statt für die Angst zu entscheiden.

ROELLA
Roella ciliata ✉

Themen: Stolz; elitäres Verhalten; Vorurteile; Integration des Schattens
Farbe: Blau, grau, dunkelblau und weiß

Für Menschen, die stark in ihrem negativen Ego sind und das tiefe Bedürfnis haben, vor anderen wichtig zu erscheinen. Oft äußert sich dies als Stolz, elitäres Verhalten, das Gefühl besser zu sein und scheinbare Überlegenheit. Für diejenigen, die voller Vorurteile sind, dazu neigen alle, die anders sind, zu diskriminieren – egal ob in Bezug auf Rasse, Religion oder einen anderen Bereich. Die Roella Essenz fördert eine neue Perspektive für das Selbst und den Zugang zum wahren Selbst, damit es im Umgang mit dem negativen Ego hilfreich sein kann. Sie fördert Selbstliebe, Bescheidenheit und die Integration des Schattens.

ROSEMARY
Rosmarinus officinalis, Rosmarin

Themen: Vergesslichkeit; Gefühlskälte
Farbe: Blau

Diese Essenz unterstützt den Prozess der vollständigen Inkarnation. Manchmal zögern Seelen, in die physische Welt

zurückzukehren, weil sie vielleicht in früheren Inkarnationen schmerzhafte Erfahrungen gemacht haben. Dies kann zu Rückzug, Vergesslichkeit, Desorientierung, physischer und emotionaler Kälte und einer unvollständigen Integration in den physischen Körper führen. Die Rosemary Essenz erlaubt uns, Sicherheit und Behagen in unserem Körper zu empfinden. Sie bringt Wärme, Frieden und heitere Gelassenheit.

SAUSAGE TREE
Kigelia pinnata, Leberwurstbaum

Themen: Kernthemen in Bezug auf Männlichkeit; Gleichgewicht zwischen Yin und Yang
Farbe: Rötliches Schokoladenbraun

Diese Essenz spricht die Kernthemen in Bezug auf die Männlichkeit an. Sie weist darauf hin, was es im neuen Zeitalter heißt, ein Mann zu sein. Sie erlaubt uns den Zugang zur männlichen Identität und deren Entwicklung. Sie fördert die Integration von Polaritäten, von Sanftheit und Sensibilität mit Stärke, von Sein mit Tun. Sausage Tree ist sowohl für Männer als auch für Frauen eine wertvolle Essenz.

SCILLA
Scilla natalensis, Blaustern

Themen: Dominanz; Egoismus; Zusammenarbeit für das Gemeinwohl
Farbe: Blau

Für Menschen, die andere dominieren, darauf bestehen, ihren Willen durchzusetzen, egoistisch sind und übermäßige Aufmerksamkeit und Anerkennung beanspruchen. Diese Essenz hilft dabei, das Bedürfnis überwinden zu können, immer recht haben zu müssen. Sie unterstützt uns dabei, dass wir nicht mehr immer derjenige sein müssen, zu dem man aufschaut, dessen Status anerkannt wird und der dominiert. Sie hilft dabei, das negative Ego zu entmachten, indem Egoismus und das Bedürfnis, sich selbst größer zu machen, beseitigt werden. Die Scilla Essenz befähigt uns, unsere persönlichen Bedürfnisse ins Gemeinwohl zu integrieren. Damit schafft sie umfassende Harmonie und fördert die Kooperation mit anderen für das allgemeine Wohlergehen.

SENECIO
Senecio elegans, Greiskraut

Themen: Den Prozess des Alterns gelassen akzeptieren können
Farbe: Rosa und gelb

Wenn wir Angst vor dem Älterwerden haben oder ständig der Jugendlichkeit nachjagen. Wenn wir der Überzeugung sind, dass das Alter bedeutet überflüssig zu sein, oder dass die Jugend wertvoller ist. Wenn wir unfähig sind, die Schönheit in der Reife zu erkennen. Diese Essenz ermöglicht es, dass der Übergang gelassen vonstatten geht. Sie bringt das Bewusstsein für die Wichtigkeit und den Wert von Erfahrung und Reife, und für die rechtmäßige Rolle der älteren Mitglieder einer Gemeinschaft, die mit Würde für Weisheit und Gleichgewicht sorgen. Sie ermöglicht es, dass Menschen sich in ihre volle Kraft hinein bewegen, in die Rolle der „weisen Frau" oder des „weisen Mannes". Sie ist auch während des Klimakteriums eine hilfreiche Essenz.

SHASTA DAISY
Chrysanthemum maximum,
Garten-Margerite

Themen: Alles ist heilig; Integration von Geist und Materie
Farbe: Weiß

Durch ihre Verbindung mit dem heiligen Mount Shasta hat diese Blütenessenz eine spiritualisierende Qualität. Sie erlaubt eine exponentielle Ausdehnung des Bewusstseins und verhilft so dazu, das Ganze zu heilen. Sie fördert die Synthese von Informationen und gewährt Überblick und eine erweiterte Perspektive. Sie ist besonders hilfreich für die Integration des Niederen Selbst mit dem Höheren Selbst und bringt ein Gefühl von Ganzheit und spiritueller Identität. Ihre Verwendung erzeugt ein Gleichgewicht zwischen dem analytischen Geist und dem Höheren Selbst und ermöglicht die Etablierung neuer Formen und Muster, die auf einem holographischen Verständnis der Realität basieren.

SILVERLEAF

Leucadendron argenteum, Silberblatt

Themen: Das Antlitz der Kriegerin
Farbe: Silber

Diese Essenz entspricht dem archetypischen Bild der heiligen Johanna von Orleans. Sie ist verbunden mit der weiblichen Energie, dem Mond und Sirius. Sie ist das Antlitz der Kriegerin, die für das Recht kämpft, Licht ins Dunkle bringt, von innen her erleuchtet und im Einklang mit den spirituellen Ebenen ist. Ihre Stärke, Tugend und Mut, bringen den Menschen in ihrem Umfeld Schutz und Inspiration. Silverleaf ist eine kraftvolle Essenz, die, während die Energie der Göttin wieder zum Leben erwacht, eine wichtige Rolle für die Stärkung, Inspiration und den Schutz derjenigen spielt, die sich zu ihr hingezogen fühlen.

SNAPDRAGON

Antirrhinum majus, Großes Löwenmaul

Themen: Verbale Aggression durch fehlgeleitete sexuelle Energie
Farbe: Orange

Für Menschen mit einem starken Sexualtrieb, die diese Energie in verbale Aggressivität fehlleiten. Für diejenigen, die auf schneidende Art grausam sein können, die rachsüchtig, kritisch, sarkastisch und sehr zerstörerisch für die Menschen in ihrer Umgebung sind. Die Signatur dieser Pflanze zeigt ihren offensichtlichen Bezug zum Kiefer. Diejenigen, die Spannung in ihrem Kiefer halten, die mit scharfen Erwiderungen „zurückschnappen" müssen, oder die mit den Zähnen knirschen, werden von dieser Essenz profitieren. Sie bringt die Energie zwischen dem Sakralchakra und dem Kehlchakra ins Gleichgewicht. Dadurch erlaubt sie harmonischen verbalen Ausdruck und befreit die kreative Energie, so dass sie in positive Kanäle gelenkt werden kann.

SONDERINA
Sonderina hispida

Themen: Sich wiederholende Gedankenmuster
Farbe: Weiß und grün

Wenn bestimmte Gedanken wie ein Hamster in seinem Rad immer wieder in unserem Kopf kreisen und dabei nicht einer Lösung zustreben, sondern in einem sich wiederholenden Muster feststecken. Unterhaltungen und Erlebnisse werden darin beständig wieder abgespielt und argumentiert. Wenn aufgewühlte Gedanken Schlaflosigkeit verursachen und konstruktive Aktivität unterbrechen. Diese Essenz wird dabei helfen, das Wiederholungsmuster zu durchbrechen, das unsere mentale Energie durch diese unproduktive Aktivität blockiert. Dann kann die kreative Energie wieder fließen, der Geist wird klar, Aufregung oder Sorgen werden gelindert und innerer Frieden entsteht. Die Essenz ist auch hilfreich, um den Geist für die Meditation zu klären.

SOUR FIG

Carpobrotus edulis,
Essbare Mittagsblume ⊵

Themen: Übermäßiges
  Bedürfnis nach der
  Aufmerksamkeit
  anderer
Farbe: Gelb

Für Menschen, die sich ungeliebt
fühlen und die daher ihre Lebenserfahrungen aufblasen, um für sich selbst und andere besonders und außergewöhnlich zu erscheinen. Egal, ob es sich um eine Begebenheit im Straßenverkehr oder eine außersinnliche oder spirituelle Erfahrung handelt – sie werden sie ausschlachten, indem sie die Erfahrung übertreiben und ausdehnen, um ihre Zuhörer zu halten und fesseln. Sie sind gierig nach Aufmerksamkeit, sie versuchen zu kontrollieren und die Konzentration der anderen durch ihre eigene Selbstherrlichkeit bei sich zu halten. Sie saugen anderen die Energie ab, sind emotional bedürftig und fordernd und versuchen verzweifelt, im Zentrum der Aufmerksamkeit zu stehen. Oft glauben sie, spirituell besonders entwickelt zu sein. Diese Essenz bringt ein Zugehörigkeitsgefühl, die Fähigkeit anderen zuhören zu können, die Liebe und Fürsorge wahrzunehmen und sich anderen nahe zu fühlen, ohne das Bedürfnis zu haben, sie zu dominieren.

SPUR FLOWER

Plectranthus ciliatus,
Behaarter Harfenstrauch ✉

Themen: Unterstützung beim Lernen und der Integration der Informationen
Farbe: Flieder

Die Lernessenz. Sie erleichtert die Aufnahme von Fakten und bringt Eifer und Freude über das Wissen. Sie harmonisiert, organisiert und beruhigt den Verstand, und erlaubt die Integration von Informationen. Die Spur Flower Essenz lässt uns auch wissen, dass alle Weisheit verfügbar ist und ermöglicht es, um Hilfe zu bitten, um Zugang dazu zu erhalten. Diese Essenz ist für Schüler und Studenten hilfreich, besonders in Prüfungszeiten.

SQUASH

Cucurbita moschata, Moschus-Kürbis

Themen: Unglück und Missgeschick; innere Stärke und Kraft
Farbe: Gelb

Für Menschen, die innere Stärke brauchen, um ihrem täglichen Leben zu begegnen. Bei Aufruhr oder in persönlichen Notlagen. Sie gibt Hilfe bei der Konfrontation mit alltäglichen Sorgen und Ängsten und bei der Auseinandersetzung mit Herausforderungen. Die Squash Essenz bringt Kraft und Mut.

STRELITZIA

Strelitzia reginae, Paradiesvogelblume

Themen: Unentschlossenheit; „Verschieberitis"; das Gefühl festzustecken; Selbstzweifel
Farbe: Orange, indigoblau, rot

Die visionäre Essenz. Wenn man das Gefühl hat festzustecken. Bei Unentschlossenheit, wenn man ständig hin- und her schwankt, zaudert, endlos überlegt und abwägt und unfähig ist, eine Entscheidung zu treffen. Wenn man dazu neigt, Dinge ständig zu vertagen und nie abzuschließen. Bei Angst vor der Zukunft. Wenn man sich zu hilflos für eine Entscheidung fühlt. Wenn man Zweifel an den eigenen Fähigkeiten hat. Die Strelitzia Essenz stimuliert die Willenskräfte. Sie bringt Klarheit in der Absicht und der Überzeugung, im inneren Wissen und Mut – dadurch durchbricht sie Unentschlossenheit und Stillstand. Sie vermittelt die Fähigkeit, mit den Polaritäten des Paradoxen umzugehen, eine Lösung zu finden und die Vision mit Absicht und Fokus zu halten. Sie hilft dabei, die eigene Bestimmung zu entdecken und unterstützt bei deren Manifestation.

SUGAR BUSH PROTEA

Protea repens, Zuckerbusch ✉

Themen: Wenn sich das Innere Kind verlassen fühlt
Farbe: Rosa

Sugar Bush Protea ist eine der Essenzen für das Innere Kind. Sie hilft in den Fällen, in denen konstante Gefühle der Verlassenheit oder Entfremdung aus der Kindheit zu Misstrauen und Leere geführt haben. Für Menschen, deren Leben seine Süße verloren hat. Sie hilft den Schmerz anzunehmen und weiterzugehen. Sie hilft, ein vollwertiger Erwachsener zu werden, indem man die Vergangenheit loslassen kann. Sugar Bush Protea hilft dabei, unterdrückte Sehnsüchte aus der Kindheit zu befriedigen und Kindheitsträume neu zu erwecken. Dadurch bekommt das Leben wieder einen Sinn, und ein Gefühl von Erfüllung und Frieden entsteht.

SUNBONNET

Diascia barberae, Elfensporn ✉

Themen: Ko-Abhängigkeit; Gefühl der Unzulänglichkeit
Farbe: Rosa

Wenn man aus Bedürftigkeit und Unzulänglichkeit Besitzansprüche macht. Wenn man glaubt, von anderen (oder einer bestimmten Person) abhängig zu sein, um der eigenen Existenz Bedeutung geben zu können. Wenn man davon überzeugt ist, nicht gut genug zu sein. Für Menschen, die ihre Energie aus anderen beziehen, zum Beispiel vom Partner, um den Mut zu bekommen, sich der Welt zu zeigen. Dies ist oft der Fall in ko-abhängigen Beziehungen, in denen das Gefühl, den jeweils anderen zu brauchen – egal wie es überdeckt wird – aus einem Abgrund persönlicher Unzulänglichkeit entsteht. Es mag sich als Kontrolle oder Unterwürfigkeit manifestieren, beides hat jedoch die gleiche Wurzel. Diese Essenz hilft, das Selbst zu ehren, und Selbstwert und Selbstvertrauen zu entwickeln. Dadurch entsteht die Freiheit, ein selbstverwirklichtes, liebendes menschliches Wesen zu werden, das den geliebten Menschen den Raum und die Freiheit gewähren kann, die diese für ihre eigene Entwicklung benötigen.

SUNFLOWER
Helianthus annus, Sonnenblume

Themen: Strahlende männliche Energie
Farbe: Gelb und schwarz

Dies ist eine sehr wichtige Essenz. Der Ausschlag des Pendels führt momentan dazu, dass die weibliche Energie sehr betont wird. Das kann sowohl in Männern, als auch in Frauen den Inneren Mann bedrohen. Sunflower aktiviert das Strahlen der Sonne, die das astrologische Symbol der männlichen Energie ist. Die Essenz stärkt die männliche Energie und den Inneren Mann, und bewirkt dabei einen Ausgleich mit der Inneren

Frau und dem Gleichgewicht zwischen Yin und Yang. Sie fördert die Selbstachtung, während sie gleichzeitig Wärme und Mitgefühl erzeugt. Die Sunflower Essenz erleichtert auch die Heilung der Beziehung des Inneren Kindes mit dem Vater und verbessert die Fähigkeit Vater zu werden und zu sein.

SURING

Oxalis pes caprae,
Nickender Sauerklee

Themen: Überkochende Leidenschaft
Farbe: Gelb

Bei übermäßiger, überkochender Leidenschaft. Für Menschen, die leidenschaftlich, feurig und intensiv sind, bis zu einem Ausmaß, in dem ihre eigenen physischen Kräfte verzehrt werden, zerstört durch ihre Intensität. Für diejenigen, deren körperlichen und emotionalen Reserven erschöpft sind, und die nicht wissen, wie sie ihre Energie bändigen oder mäßigen können. Die Suring Essenz versetzt uns in die Lage, die Extreme der eigenen Inbrunst und des Eifers in Schach zu halten wo es angemessen ist, und diese Energie in eine Leidenschaft für das Leben selbst zu lenken. Dann können wir andere mit unserem Enthusiasmus inspirieren ohne sie zu überwältigen.

DIE SÜDAFRIKANISCHEN BLÜTENESSENZEN

SWEETPEA

Lathyrus latifolius, Breitblättrige Platterbse

Themen: Bedürfnis nach innerem Frieden und dem Gefühl der Zugehörigkeit
Farbe: Rosa und violett

Für Menschen, die in ihrem Arbeits- oder Familienumfeld intensivem Druck ausgesetzt sind und einen stillen, ruhigen Ort brauchen, um sich zurückziehen zu können. Für diejenigen, deren geistige Gesundheit durch die ständige Unruhe in der Umgebung bedroht ist. Auch für Menschen, die sich irgendwie fehl am Platz fühlen, das Gefühl haben, nicht dazu zu gehören und sich danach sehnen, ein Teil von etwas zu sein, das zu ihnen passt und das sich „richtig" anfühlt. Die Sweetpea Essenz hilft uns dabei, inneren Frieden, unseren Platz auf diesem Planeten, und unseren eigenen Weg zu finden. Sie hilft, sich diesem dann ganz zu verpflichten.

THYME

Thymus vulgaris, Thymian

Themen: Multi-dimensionales Bewusstsein
Farbe: Blassrosa

Diese Essenz steigert die Empfänglichkeit und fördert Erfahrungen, die uns über die Schwelle der physischen Realität hinaus zu Erfahrungen des multidimensionalen Bewusstseins tragen. Dabei wird die Fähigkeit, andere Bewusstseinsebenen zu erwecken, entwickelt. Thyme hilft uns dabei, uns an unsere Träume zu erinnern und auf diesem Weg die vom Unterbewusstsein erhaltenen Botschaften zu integrieren. Sie ist auch hilfreich, wenn man die Absicht hat, dem Unterbewusstsein Botschaften zu übermitteln. Die Essenz hat sich auch als Begleitung während einer Therapie oder bei Rückführungen in vergangene Leben als nützlich erwiesen, wenn man den Zugang zu Erfahrungen verschiedener Zeiten sucht. Die englische Aussprache von „Thyme" und „time" (Zeit) ist nicht zufällig, und man kann die Essenz in jeder Situation verwenden, in der man die Grenzen von Raum und Zeit überschreiten möchte. Sie ist eine gute Ergänzung zu vielen der anderen Essenzen.

TIGER LILY
Lilium tigrinum, Tiger-Lilie

Themen: Das Erwachen der „weisen Frau"
Farbe: Orange und braun

Während der Wechseljahre stellen Frauen oft fest, dass es noch nicht aufgelöste Polaritäten in ihrem Leben gibt. Das Abnehmen der weiblichen Hormone, die die männlichen Hormone bisher im Körper unterdrückt haben, bringt die Thematik des energetischen Gleichgewichts zwischen Yin und Yang, weiblich und männlich nach oben. Dieser Übergang von der nährenden Mutter zur „weisen Frau" ist nicht immer einfach. Manche glauben unterschwellig, dass eine Frau, wenn sie nicht mehr menstruiert, ihre Nützlichkeit überlebt hat. Diese Essenz ermöglicht, dass die eigene Bestimmung und die Sehnsucht der Seele offenbart werden. Sie erleichtert das Erwachen des Selbst zur neuen Bestimmung des Lebens, zu den kraftvollen Rollen, die es als verantwortungsbewusstes und respektiertes Mitglied der Gemeinde spielen kann. Die „Weise Frau" besitzt einen Schatz an weiblicher Weisheit und Erfahrung, den sie beitragen kann. Die Tiger Lily Essenz ist im Allgemeinen auch immer dann hilfreich, wenn die männliche Energie überwiegt und weibliche Energie zum Ausgleich benötigt wird.

TOMATO

Solanum lycopersicum, Tomate

Themen: Negative Energiemuster aufbrechen
Farbe: Weiß

Diese Essenz ist wertvoll, weil sie bestehende, negative Energiemuster im Körper aufbricht. Solche Energien können langfristig Krankheiten verursachen. Die Tomato Essenz gibt uns die Gelegenheit, neue und positivere Resonanzmuster zu etablieren. Sie stärkt auf der energetischen Ebene auch das Immunsystem.

TOUCH-ME-NOT
Impatiens sodenii, Springkraut

Themen: Gehemmtheit;
Verbote in einer
patriarchalischen
Gesellschaft
Farbe: Rosa

Dies ist eine vorwiegend weibliche Essenz. Sie ist immer dann hilfreich, wenn der Wille mit dem Selbstausdruck im Widerspruch steht. Für Gehemmtheit („Fass mich nicht an!") wenn man den Ausdruck dessen, der man ist, blockiert und verschlossen hat. Diese Essenz arbeitet mit den Bereichen, in denen wir durch die Ideologien einer patriarchalischen und chauvinistischen Gesellschaft und ihre Verbote gebunden sind. Sie mildert Einschränkungen und Überzeugungen, die von außen auferlegt wurden und innerhalb derer man lebt. Diese Essenz bricht die patriarchalischen Begrenzungen auf sanfte Weise. Sie löst auch Blockaden zwischen dem Kehlchakra und dem Dritten Auge.

TULIP MAGNOLIA
Soulangeiana speciosa, Tulpenmagnolie

Themen: Verteidigungshaltung;
Unzufriedenheit
Farbe: Flieder und weiß

Für Menschen, die sich übermäßig verteidigen und selbst beschützen, und diejenigen, die ihre Verletzlichkeit unter einer rauen Schale verbergen. Für die Ruhelosen, die mit dem Leben unzufrieden sind und frustriert und unsicher bezüglich des Weges, dem sie folgen sollen. Für Menschen, die oft gelangweilt sind. Diese Essenz bringt emotionale Offenheit. Sie gibt die Fähigkeit, zu vertrauen und sich zu öffnen – für andere, für die eigenen Geistführer und für den Prozess des Lebens selbst. Solche Offenheit fördert unsere Fähigkeit, Führung und Ausrichtung durch die Seele zuzulassen. Sie hilft dabei, Prioritäten zu bestimmen und bringt Zufriedenheit und Erfüllung.

UMSIPANE

Calpurnia aurea

Themen: Übermäßige Energie auf der mentalen Ebene; Perfektionismus
Farbe: Gelb

Für Menschen, die reizbar und stark auf den Intellekt fixiert sind. Für diejenigen, deren mentale Energie oft über das Ziel hinausschießt, und die gegenüber allem, was nicht ihren eigenen hohen Standards entspricht, perfektionistisch und kritisch sind. Für Menschen, die sich wegen ihres überragenden Intellekts anderen überlegen fühlen, die kalt, spröde und herablassend sein können. Die Wirkung dieser Essenz liegt im Ausgleich und in der Harmonisierung der Energien zwischen Mental- und Emotionalkörper. Sie macht die schneidende Seite des Intellekts weicher und bringt die Seelenqualitäten der Sanftheit und Toleranz hervor. Sie erlaubt uns auch, Klarheit und Absicht in Bezug auf unser Lebenswerk zu entwickeln. Dabei sammelt sie die überschüssigen mentalen Energien und lenkt sie in nützliche und produktive Kanäle.

VYGIE

Lampranthus roseus, Mittagsblume 🏳

Themen: Manipulation;
Opferhaltung;
Märtyrertum;
Selbstmitleid
Farbe: Weiß

Für Menschen, die auf subtile Weise manipulieren, dominieren und strafen, indem sie das Opfer oder den Märtyrer spielen. Für diejenigen, die klammern und hilflos tun, während sie gleichzeitig die Fäden in der Hand halten. Auch für Menschen, die Dinge für andere tun und den Anschein erwecken, sie zu lieben, dabei aber eigentlich versuchen, Macht auszuüben, indem sie den anderen in Abhängigkeit halten. Bei Ko-Abhängigkeit und Selbstmitleid. Oft ist eine Unbewusstheit bezüglich der Motive und eine Ablehnung der Gefühle im Spiel. Diese Essenz erlaubt uns, auf selbstlose Weise zu lieben und andere zu ermächtigen.

WARRATAH

Telopea speciosissima

Themen: Verzweiflung;
Schock; extreme
Angst
Farbe: Rot

Diese Essenz zieht Energie ins eigene Energiefeld. Sie bringt damit rasche Linderung bei Schock, extremer Angst und Verzweiflung, während sie dabei gleichzeitig das Nervensystem beruhigt.

Warratah arbeitet mit der Art von Verzweiflung, bei der man am liebsten den Kopf gegen die Wand schlagen würde, sich weigert, das Unvermeidliche zu akzeptieren. Man kann dabei auch selbstzerstörerisch werden, wenn man es nicht schafft, sich dem Höheren Selbst zu öffnen und die Schwelle zu einer neuen Art des Seins zu überschreiten. Die Essenz ist auch hilfreich für das traumatisierte Innere oder tatsächliche Kind.

WATER LILY
Nymphea capensis, Kapseerose

Themen: Betäubte Gefühle; unterdrückte Emotionen; Gleichgültigkeit
Farbe: Blau

Diese Essenz steht mit dem Herzen in Beziehung. Sie ist für diejenigen angezeigt, die mit Schmerzen und tiefen Emotionen dadurch fertig werden, dass sie sich ihnen gegenüber gefühllos machen. Für Menschen, die sich hinter einer Maske der Gleichgültigkeit verstecken. Für diejenigen, die mit Stress dadurch umgehen, dass sie sich weigern zu reagieren und negieren, was geschieht. Die Water Lily Essenz hilft Verletzlichkeit zuzulassen, fördert den Kontakt mit wirklichen, bisher verborgenen Gefühlen, und gibt uns das Gefühl, mit anderen verbunden zu sein.

WATTLE
Acacia salignor, Weidenblatt-Akazie

Themen: Negative Erwartungshaltung; Pessimismus
Farbe: Gelb

Diese Essenz zügelt die Macht der Erwartungen. Für diejenigen, die die Kraft der Erwartung auf negative Weise nützen, die melancholisch sind und unfähig, die Freude im Leben zu sehen. Für Menschen, die entmutigt sind, keine Hoffnung haben und ständig erwarten, dass das Schlimmste geschieht. Für diejenigen, die es genießen, sich auf das Negative aus der Vergangenheit zu konzentrieren. Die Wattle Essenz erlaubt es dem Sonnenlicht, durch die dunklen Wolken des Pessimismus hindurch zu brechen, und verbindet uns mit der Freude und Harmonie des Kosmos. Sie ermöglicht uns so, das enorme, positive Potential von Erwartungen zu verwenden, um für unser Leben die Realität zu erschaffen, die wir haben möchten.

WHITE GERANIUM
Pelargonium tomentosum, Pelargonie

Themen: Selbstmitleid; Unkonzentriertheit; Unzuverlässigkeit
Farbe: Weiß und rosa

Für Menschen, die sich selbst bemitleiden, sich vom Leben besiegt fühlen und die darauf reagieren, indem sie ihre Wut unterdrücken und in eine Phantasiewelt aus Tagträumen fliehen. Für diejenigen, die unkonzentriert, vergesslich, unzuverlässig und unverantwortlich geworden sind. Obwohl sie sich ihres Zorns nicht bewusst sind, bestrafen sie doch die Menschen in ihrer Umgebung. White Geranium ist eine fröhliche Essenz, die ein Gefühl von Lebendigkeit, Heiterkeit und Magie vermittelt. Sie klärt Blockaden um das Herzchakra, regt die Thymusdrüse an, hebt die Energie durch das Kehlchakra hindurch zum Dritten Auge und Kronenchakra an. Sie erhöht die mentale Konzentration, bringt dem Verstand Klarheit und zerstreut Widerstand. Sie erleichtert die Beteiligung am Leben und die Verpflichtung dem Leben gegenüber.

WILD COFFEE
Oxyanthus latifolius, Wilder Kaffee

Themen: Koffeinsucht; schärft den Verstand
Farbe: Weiß

Diese Essenz hebt die Schwingungsfrequenz von Koffein im Körper an und bewirkt damit die Beseitigung der schädlichen Auswirkungen, die es dort haben kann. Koffein kann die Wirksamkeit von homöopathische Medikamenten, Blüten- und Edelsteinessenzen herabsetzen. Wild Coffee klärt die vom Koffein verursachten Blockaden im Energiefeld. Sie hilft auch dabei, die Abhängigkeit vom Koffein, sei seine Quelle Kaffee, Tee, Schokolade oder Cola, zu durchbrechen. Die Essenz stimuliert und schärft auch den Geist.

WILD DAGGA
Leonotis leonorus, Afrikanisches Löwenohr

Themen: Mangel an Willenskraft; Suchtverhalten
Farbe: Orange

Für Menschen, denen es an Willenskraft mangelt, die leicht beeinflussbar sind und die den Genuss suchen, um die Leere zu füllen. Für diejenigen, die vor schmerzhaften Situationen flüchten und die für Suchtverhalten und Drogenmissbrauch anfällig sind. Die Wild Dagga Essenz hilft dabei, Sinn, Zweck und Charakterstärke zu erzeugen. Sie ist auch ein gutes Heilmittel für emotionalen Schmerz.

WILD GARDENIA
Gardenia thunbergia, Wilde Gardenie

Themen: Tod und Sterben
Farbe: Weiß

Diese Blütenessenz unterstützt bei den Themen Tod und Sterben. Sie kann auch benutzt werden, wenn es für einen Aspekt des Selbst angemessen ist, zu „sterben" oder wenn ein Kapitel des Lebens zu Ende geht. Für Menschen, die Angst haben, wenn etwas endet und die trotz Schmerz und Unvermögen beharrlich am Alten festhalten und dem Unbekannten Widerstand leisten. Die Essenz stellt in diesem Fall den Kontakt mit dem Geist und der Seele her. Sie ermöglicht so Vertrauen in den Fluss des Lebens und Hingabe an „Alles was ist". Sie bringt Frieden und einen ruhigen Übergang. Sie ist eine unschätzbare Hilfe für die Hospizarbeit.

WILD GARLIC

Allium tulbaghia violacea,
Zimmerknoblauch ✉

Themen: Schutz der Aura
Farbe: Rosa

Diese Essenz schützt die Aura. Die Wirksamkeit dieses Schutzes reicht von Insekten bis zu feinstofflichen Angriffen oder energetischen Vampiren, die uns die Energie rauben. Wild Garlic weist negative Gedankenformen zurück und stärkt das Immunsystem. Angst, geringe Abwehrkraft gegenüber Krankheiten und Mangel an Vitalität und Willenskraft sind alles Hinweise darauf, dass diese Essenz vielleicht benötigt wird. Sie stärkt das Gefühl von Sicherheit, Ganzheit und Mut.

WILD GINGER

Hedychium gardnerianum,
Schmetterlingsingwer

Themen: Missbrauchendes oder gewalttätiges Verhalten
Farbe: Creme und gelb

Für Menschen, die zu Gewalt und Missbrauch neigen. Für diejenigen, die sich selbst unter strenger Kontrolle halten oder die sich in dogmatischen Ansichten als Verteidigungsstrategie gegenüber einem bewussten oder unbewussten Drang zur Gewalttätigkeit flüchten. Viele Menschen haben eine tief sitzende Angst vor ihrem eigenen Gewaltpotenzial. Mütter kennen den Grad von Verzweiflung und Erschöpfung, zu dem sie von ihren Säuglingen oder Kleinkindern in ihrer Zweierbeziehung getrieben werden können, in der sie auf unnatürliche Weise isoliert sind. Das moderne Leben erzeugt manchmal einen unerträglichen Stress, der dazu führen kann, dass gewalttätige Gefühle zur Oberfläche durchbrechen. Während solche Triebe verurteilt, gefürchtet und abgelehnt werden, existieren sie dennoch in den dunklen Schlupfwinkeln der Persönlichkeit weiter oder werden nach außen projiziert, um sich durch andere in der eigenen Realität zu manifestieren. Die Wild Ginger Essenz erleichtert es, diese Aspekte des Selbst anzunehmen und zu akzeptieren, so dass sie aus dem Schattenbewusstsein hervorkommen können. Dadurch wird es möglich, sie zu transformieren.

WILD IRIS

Dietes grandiflora, Wilde Iris

Themen: Verlust der Kreativität
Farbe: Weiß

Für Menschen, die frustriert gebeugt von den Anforderungen des täglichen Lebens und der materiellen Welt sind. Für diejenigen, die den Kontakt mit ihren kreativen Fähigkeiten verloren haben und die die Idee, dass wir Schöpfer unserer eigenen Realität sind, so erschreckend finden, dass sie sie ablehnen. Wir sind alle Schöpfer, die zuerst eine Vision erschaffen, die wir dann manifestieren. Wir haben die Macht, die Vision zu ändern, das Bild der Zukunft, wie wir sie uns wünschen, zu malen und es dann in die physische Manifestation zu bringen. Die Wild Iris Essenz erlaubt den freien Fluss der Inspiration. Dabei erhebt sie das Bewusstsein auf eine Ebene der Schönheit und Hoffnung: So wird man ermächtigt, der Visionär und Weber der Träume zu werden – voll freudiger Energie, Kreativität und Erwartung.

WILD JASMINE

Jasminum multipartitum,
Wilder Jasmin ⌲

Themen: Selbstliebe
Farbe: Weiß

Dies ist eine höchst spirituelle Essenz, die durch das Herzchakra wirkt. Dort erweckt sie jenes Gefühl für die Selbstliebe, das für eine Verbindung mit dem Höheren Selbst und den feinstofflichen Ebenen nötig ist. Viele Menschen leiden so sehr am Mangel von Selbstwert und Selbstliebe, dass sie nicht wahrnehmen können, dass sie liebenswert sind und geliebt werden. Sie konzentrieren sich daher auf ihr Versagen. Dabei fühlen sie sich von den feinstofflichen Ebenen entfremdet und getrennt. Die Wild Jasmine Essenz ist ein kraftvoller Helfer beim Auflösen dieser Blockaden und erschafft eine Brücke, über die man zu neuen Arten des Seins gelangen kann.

WILD PEAR
Dombeya rotundifolia,
Südafrikanische Wildbirne

Themen: Bitterkeit; Zynismus; Groll
Farbe: Weiß

Bei Bitterkeit, Zynismus, Groll und Unfähigkeit zu vergeben. Für Menschen, die an Neid oder Groll festhalten. Die Wild Pear Essenz ermöglicht den freien Fluss einer heilenden Energie, um die gestauten negativen Emotionen zu klären. Sie macht es einfach, zu vergeben, die Vergangenheit zu akzeptieren und integrieren. Sie ermöglicht uns, wissend zu erfahren, dass alles in einem ist und dass man sich selbst mehr als allen anderen schadet, wenn man sich weigert zu vergeben. Die Essenz hilft uns dabei, uns selbst als ein Teil des Ganzen wahrzunehmen.

WILD SAGE
Hemizygia transvaalensis, Wilder Salbei

Themen: Stärkt den Willen und energetisiert die Aura
Farbe: Rosa

Diese Essenz ist für Menschen hilfreich, die unharmonischen Situationen ausgesetzt waren, oder die in anderen Wut und Feindschaft aktiviert und dadurch bewirkt haben, dass negative Gedankenformen auf sie gerichtet wurden. Für diejenigen, die dazu neigen, die Negativität anderer aufzunehmen oder deren Aura körperlich verunreinigt ist. Sie ist auch in Fällen von Besetzung angebracht. Menschen, die krank sind, die eine geringe Lebenskraft haben, die zögern zu inkarnieren, die eine Vollnarkose hinter sich haben oder die durch ein anderes Geschehen aus ihrem physischen Körper versetzt wurden, kann es passieren, dass andere Wesen mit ihnen um die Kontrolle über ihren Körper kämpfen. Die Wild Sage Essenz richtet die feinstofflichen Körper aus und energetisiert dabei die Aura. Sie aktiviert die Willenskräfte und befähigt uns, unsere feinstofflichen Kräften aufzutanken, in den Körper zurückzukehren und die eigene Kraft wieder zu erlangen. Sie kann sehr effektiv in Verbindung mit Yarrow eingesetzt werden.

WISTERIA
Wisteria sinensis, Chinesischer Blauregen

Themen: Ungleichgewicht männlicher und weiblicher sexueller Energie
Farbe: Flieder

Diese Essenz stärkt und stimuliert die Meridiane und bringt die ätherischen, emotionalen und mentalen Körper ins Gleichgewicht. Sie arbeitet auch mit sexuellen Problemen und Beziehungen, die eine sexuelle Komponente haben. Wo es ein Ungleichgewicht bezüglich der Gleichberechtigung der Partner in einer sexuellen Beziehung gibt, hilft diese Essenz, indem sie ausgleicht und harmonisiert. Sie ist für Männer hilfreich, die keinen Kontakt zu ihrer weiblichen Seite haben, die Sex als ihr männliches Recht betrachten und die unsensibel gegenüber den Bedürfnissen ihrer Partnerin sind. Sie ist besonders nützlich für das Erwecken der weiblichen Sexualität – auch für Frauen, die körperlichen Kontakt nicht mögen, die sich ihrer Geschlechtsorgane schämen oder die durch sexuelle Ausbeutung oder Vergewaltigung traumatisiert wurden.

YARROW

Achillea millefolium, Schafgarbe

Themen: Schutz der Aura
Farbe: Weiß

Als Blütenessenz stärkt und stimuliert Yarrow die Integrität der Aura. Wenn wir die Essenz einnehmen, versetzt das unsere Aura in die Lage, Strahlungswellen zu brechen. Sie gibt Schutz vor negativen Gedankenformen und geistigen Angriffen. Dies ist eine wichtige Essenz, denn sie unterstützt zusätzlich die Chakren dabei, Licht hineinzubringen und zu stabilisieren.

YELLOW PINCUSHION

Leucospermum conocarpodendron,
Gelber Nadelkissen-Silberbaum

Themen: Kontrolle; Angst vor Entbehrung
Farbe: Gelb

Für Menschen, die Angst vor Kontrollverlust in ihrem Leben haben. Solche Menschen legen sich selbst strenge Zügel an und versuchen oft auch andere oder die Umstände zu kontrollieren. Sie mögen aus Angst vor dem Unbekannten kontrollieren, sich an das Bekannte klammern, oder aus schierer Lust an der Macht über andere. Die Essenz ist auch für Menschen, die Angst vor dem Verlust der Liebe haben und daher versuchen, die Liebe und ihre Quelle zu kontrollieren. Sie bringt das Vertrauen in den Fluss des Lebens, das es einem erlaubt, loszulassen und die Sicherheit und Unterstützung der allumfassenden Liebe zu spüren.

YELLOWWOOD

Podocarpus latifolius,
Breitblättrige Steineibe

Themen: Führungsqualität
Farbe: Grün und kastanienbraun

Diese Essenz ist für die Führungspersönlichkeit. Sie ermöglicht das Hervortreten der positiven Führungsqualitäten: Direktheit, Geradlinigkeit, konzentrierte Aufmerksamkeit, Begeisterung, die Fähigkeit andere zu inspirieren, Charisma und die Bereitschaft, voll Freude Verantwortung zu übernehmen. Gleichzeitig gleicht sie das negative Potenzial aus. Auf dem Weg zu einer Führungspersönlichkeit gibt es Fallen: Selbstgefälligkeit und Egoismus auf der einen Seite und Missbrauch der Autorität oder Selbstmitleid auf der anderen Seite als Folge übernommener Bürden und beschwerlicher Verantwortungen. Die Yellowwood Essenz hilft uns dabei, zielgerichtet zu sein und der Macht treu zu bleiben, die das Höhere Selbst uns verliehen hat.

YUCCA

Yucca aloifolia, Graue Palmlilie

Themen: Selbstmitleid; Transformation der Opferhaltung durch Übernahme von Verantwortung
Farbe: Creme

Wenn man dazu neigt, sich als Opfer oder Selbstmitleid zu fühlen. Opferbewusstsein entsteht oft in der Kindheit, wenn die Umstände unkontrollierbar sind. Es entstehen Muster und Groll, Bitterkeit und die Überzeugung, dass andere mehr Glück haben und dass man selbst an Leid und Entbehrungen gefesselt ist, setzen sich fest. Die Verwendung dieser Essenz erlaubt uns, selbst Verantwortung zu übernehmen und alte, stagnierende Emotionen zu lösen. Dann können wir mit Freude und Vergebung vorangehen und dabei positive Lebenserfahrungen anziehen.

ZIMBABWE CREEPER

Pandorea jasminoides, Rosa Pandorea

Themen: Überbetonung von Tun oder Erdulden
Farbe: Weiß und scharlachrot

Für übermäßiges Bemühen. Diese Essenz hat eine besänftigende Wirkung auf diejenigen, die sich in allem, was sie tun, zu sehr bemühen und in ihrer Herangehensweise unflexibel sind. Für Menschen, die Schwierigkeiten haben, um Hilfe zu bitten. Für diejenigen, die viel leisten und zu sehr im männlichen Muster des Handelns und Ertragens polarisiert sind. Die Essenz macht es einfacher, Hilfe anzunehmen, wenn es angemessen ist. Sie hilft nachzugeben und andere gewähren zu lassen – damit bringt sie den weiblichen Aspekt mit ein.

ZINNIA

Zinnia elegans, Zinnie

Themen: Fröhlichkeit; Lachen; Freude
Farbe: Rot

Diese Essenz unterstützt Menschen, die zu ernsthaft, schwermütig oder düster sind, weil sie vielleicht ein unterdrücktes Inneres Kind haben. Sie bringt Sorglosigkeit, Ausgelassenheit und die Fähigkeit zu lachen, zu spielen und die Magie und den Humor in Situationen zu sehen. Sie hilft uns dabei, lockerer zu werden und ein Gespür für das Unbeschreibbare zu bekommen. Sie unterstützt uns dabei, unsere Aufmerksamkeit auf die Freude zu lenken, damit sich eben diese in unserem Leben manifestieren kann. Zinnia hilft auch Eltern mit der Beziehung zu Kindern.

DIE MISCHUNGEN

Obwohl die nachfolgenden Essenzen als fertige Mischungen zur Verfügung stehen, führen wir hier die enthaltenen Einzelessenzen auf, um Ihnen zu ermöglichen, die Kombination selbst nachzumischen.

ABUNDANCE ESSENCE
Wohlstand & Fülle

Sehnen Sie sich nach erfüllenderen Beziehungen, mehr Freude oder einem gesünderen Kontostand? Wir alle haben Blockaden auf der unbewussten Ebene, die uns daran hindern, in unserem Leben mehr Fülle zu erfahren. Das Leben funktioniert nach dem Gesetz der Anziehung. Unsere Resonanzebene bestimmt die Menschen, den Wohlstand, die Gelegenheiten und die Situationen, die wir in unser Leben ziehen. Verändert man die Resonanz, verändert man damit auch sein Leben. Die Abundance Essence ist eine alchimistische Mischung, die unsere Energie auf eine neue Ebene bringt, auf der wundervolle Veränderungen geschehen können. Sie hilft dabei, Armutsbewusstsein und tief verankertes Opferbewusstsein zu verändern, und gibt uns das Gefühl von Selbstwert, dass wir es verdienen, und bereit sind anzunehmen. Die Essenz hilft uns auch dabei, unsere Absicht zu fokussieren und verbessert Kreativität und Mut. Verwenden Sie sie auf Dauer. Mit ihrer Unterstützung können Sie die Veränderungen vornehmen und den Unterschied in Ihrem Leben erleben.

Die Mischung enthält die folgenden Einzelessenzen:

- Agapanthus (Wohlstandsbewusstsein)
- Borage (Mut und Zuversicht)
- Giant Protea (Blockierte Kreativität)
- Hibiscus (Kreative Energie fokussieren)
- Loquat (Verantwortung übernehmen)
- Plum (Selbstwert, Bereitschaft anzunehmen)
- Plumbago (Scham, geringes Selbstwertgefühl)

ADOLESCENT ESSENCE
Unterstützung während der Pubertät

Die Pubertät ist keine leichte Zeit. Hin- und her gerissen zwischen dem Schub in Richtung Erwachsensein mit Unabhängigkeit und Verantwortung, und dem Zug, klein bleiben zu wollen und fürsorglich versorgt zu werden, ist es kein Wunder, dass Probleme entstehen. Um die Dinge noch komplexer zu machen, haben wir alle in uns (neben dem Inneren Kind) einen „Inneren Halbwüchsigen", der dauerhaft in dieser Phase ist, und wenn er (oder sie) sich zeigt, kann das unser Leben ganz schön durcheinander bringen. Auch dieser Aspekt unseres Selbst möchte jedoch geliebt und akzeptiert werden. Die Adolescent Essence unterstützt und harmonisiert den Weg durch die Pubertät und ermöglicht uns, für den Halbwüchsigen in uns zu sorgen.

Die Mischung enthält die folgenden Einzelessenzen:

- Cape Almond (Unsicherheit, Furcht vor dem Unbekannten)
- Dune Calendula (Übergänge, große Veränderungen)
- Loquat (Apathie, Rückzug, Resignation)
- Maple (übermäßiger Gebrauch des Willens)

- Mountain Cabbage Tree (Weigerung erwachsen zu werden, Rebellion)
- Plumbago (Scham)
- Wild Pear (Bitterkeit, Zynismus, Groll)

AURIC PROTECTION ESSENCE
Schutz der Aura

In Zeiten, in denen wir Negativität gleich welcher Art ausgesetzt sind, sei es eine schlechte Energie im Büro, ein Familienkrach, oder wenn wir einfach uns selbst oder unsere Kinder auf einem Konzert oder in einem Club schützen wollen, dann kann uns die Auric Protection Essence dabei helfen. Sie hebt die Resonanzschwingung der Aura auf ein Niveau, auf dem die Negativität nicht eindringen kann. Sie ist ebenfalls nützlich, wenn man Strahlung jeglicher Art ausgesetzt ist.

Die Mischung enthält die folgenden Einzelessenzen:

- Bluebell (bei großer Sensitivität gegenüber Sinnesreizen)
- Frangipani (Abneigung, Ekel, unerklärliche Furcht)
- Orange (Löcher in Aura)
- Wild Garlic (Schutz der Aura gegen energetische Vampire)
- Wild Jasmine (Selbstliebe)
- Wild Sage (Energetisiert die Aura)
- Yarrow (Stärkt die Integrität der Aura und bringt Licht in die Chakren)

BALANCING ESSENCE
Gleichgewicht

Die Mischung hilft uns dabei, unseren natürlichen Zustand des Gleichgewichts inmitten der sich widersprechenden Anforderungen des Alltags aufrechtzuerhalten. Sie gleicht die Yin und Yang Energien in uns aus, erdet und zentriert, und bringt uns dadurch in Einklang mit unserer Welt. Die Balancing Essenz ist besonders hilfreich, um die Chakren auszurichten und den Energiefluss in den Meridianen zu stimulieren. Zusätzlich zur Einnahme kann man sie äußerlich anwenden, und auf Chakren und Akupunkturpunkte geben. Sie wirkt besonders gut in Verbindung mit der Stress Essence und der Harmony Essence, um uns dabei zu helfen, uns zu fokussieren und inneren Frieden und Ruhe in unser Leben zu bringen.

Die Mischung enthält die folgenden Einzelessenzen:

- African Banana (Gleichgewicht von Yin und Yang)
- Fuchsia (Unterdrückter Zorn und Schmerz)
- Hyacinth (Innere Stille, Sein)
- Oreganum (Leichtigkeit, Behaglichkeit)
- Rosemary (Vergesslichkeit)
- Strelitzia (Unentschlossenheit, Feststecken)
- Tomato (Negative Energiemuster aufbrechen)

BIRTH ESSENCE
Unterstützung während der Geburt

Die Wirkung dieser Essenz besteht darin, während der großen Transformation des Geburtsprozesses Harmonie und inneren Frieden für die Mutter und das Kind zu fördern. Sie hilft uns, einfach zu sein, lindert die Angst und erzeugt ein schützendes Energiefeld während dieser wichtigen Zeit. Für das Kind ist der Schritt aus dem Kokon der Gebärmutter nach draußen als selbständiges Wesen enorm. Auch für die sich erholende Mutter ist eine große Anpassung notwendig, um die Verantwortung für die Bedürfnisse des hilflosen Babys übernehmen zu können. Die Birth Essence hilft allen Beteiligten, den Übergang leichter zu gestalten. Sie wirkt am besten, wenn man sie schon in den letzten drei Monaten der Schwangerschaft und noch für 10-12 Wochen nach der Geburt nimmt. Geben Sie jeweils einen mit Wasser verdünnten Tropfen in den Mund ihres Kindes. Man kann die Essenz aber auch äußerlich anwenden, indem man sie in die Fußsohlen oder auf den Puls gibt und einreibt. Die Mischung ist auch hilfreich, wenn es sich nicht unbedingt um Geburten im Wortsinne handelt, wenn wir beispielsweise neu anfangen oder eine neue Phase in unserem Leben beginnen.

Die Mischung enthält die folgenden Einzelessenzen:

- Cauliflower (Schock durch den Prozess der Geburt)
- Coral Tree (Allgemeine Angst)
- Dune Calendula (Zeiten des Übergangs)
- Flowering Cherry (Sein, innerer Frieden)
- Orange Pincushion (Archetypische Angst)
- Oreganum (Anmut, Leichtigkeit)
- Yarrow (Schutz der Aura)

CREATIVITY ESSENCE
Fördert die Kreativität

Jeder Mensch besitzt kreatives Potenzial, auch wenn viele von uns nicht mehr daran glauben. Mit jedem Gedanken, den wir denken, erschaffen wir – Kreativität ist ein wesentlicher Teil unseres Geburtsrechts als menschliche Wesen. Die Creativity Essence versetzt uns in die Lage, unsere Kreativität in jedem Aspekt unseres Lebens zu entdecken und auszudrücken, von den profansten bis zu den spirituellsten Dingen.

Die Mischung enthält die folgenden Einzelessenzen:

- Chestnut (Visualisierung)
- Giant Protea (Blockierte Kreativität)
- Hibiscus (Kreative Energie lenken)
- Lotus (Seelenkontakt)
- Petunia (Inspiration)
- Strelitzia (Unentschlossenheit, Selbstzweifel)
- Wild Iris (Unterbrochene Verbindung zur Kreativität)

CRISIS REMEDY
Notfallmischung

Diese Mischung ist ein unschätzbar wertvoller Begleiter in allen Krisensituationen. Verwenden Sie sie bei Schock, Panik, Sorgen, Ängstlichkeit, Aufregung, Krankheit oder extremer Angst. Die Wirkung setzt unmittelbar ein, egal ob bei Menschen, Tieren oder Pflanzen. Wenn es nicht möglich ist, die Essenz einzunehmen, kann man sie auch effektiv nutzen, indem man sie auf den Handgelenken, hinter den Ohren oder auf den Fußsohlen einreibt.

Die Mischung enthält die folgenden Einzelessenzen:
- Baeometra (Überwältigung)
- Disa (Dunkle Nacht der Seele)
- Felicia (Unglücklich, abgetrennt)
- Flowering Quince (Verzweiflung, Hoffnungslosigkeit)
- Orange Pincushion Protea (Schock, Panik)
- Red Camellia (Schock und Angst)
- Strelitzia (Unentschlossenheit, Feststecken)

HARMONY ESSENCE
Fördert Harmonie

Verwenden Sie diese Essenz, wenn die emotionale Anspannung, Frustration und die Anforderungen des täglichen Lebens zu groß werden. Sie hilft uns, wenn die Gemüter hochkochen oder wir uns in konfliktbeladenen Situationen wiederfinden. Sie wirkt ebenfalls unterstützend, wenn wir aus der Mitte geworfen oder nicht mehr dazu in der Lage sind, Gleichgewicht und Harmonie in unserem Leben aufrechtzuerhalten. Die Harmony Essence bringt den Verstand zur Ruhe, fördert emotionale Klarheit und Gelassenheit. Sie hebt uns auf ein energetisches Niveau, auf dem wir eine andere Perspektive haben und uns der Wunder und Schönheit der Menschen und des Lebens selbst bewusst werden, wo wir uns der Natur als einer Quelle von Frieden, Inspiration und Kreativität bedienen können. Damit wir unser Leben in harmonischem Gleichgewicht leben können, müssen wir das Bewusstsein dafür entwickeln, wer wir wirklich sind. Wir brauchen einen heiligen Ort der Stille in uns, an den wir uns zur Erholung zurückziehen können. Wenn wir im Zustand der Gnade leben können, die Verbindung zur Gesamtheit von allem was ist fühlen, und uns unserer Schöpfermacht bewusst sind, ist Harmonie die natürliche Konsequenz. Diese Essenz kann uns dabei helfen.

Die Mischung enthält die folgenden Einzelessenzen:

- Aristea (Einstimmung auf die Natur)
- Hyacinth (Innere Stille, Sein)
- Orange (Emotionale Anspannung, überreizte Gefühle)
- Oreganum (Anmut, Leichtigkeit)
- Petunia (Visualisierung)
- Wild Iris (Verlust der Kreativität)
- Zinnia (Fröhlichkeit, Lachen, Freude)

INNER CHILD ESSENCE
Unterstützung für das Innere Kind

Das Wissen um das Kind in uns ist ein wichtiger Aspekt der modernen Psychologie. Dieser Teil von uns ist immer noch das Kind, das wir einmal waren, und lebt in den damaligen Emotionen und Erfahrungen. Es nimmt auch in unserem Erwachsenenleben öfters das Ruder in die Hand, braucht Aufmerksamkeit und drückt Zorn, Schmerz und Angst aus. Diese sind das Resultat von fehlender Liebe, Vernachlässigung, Schock, Verrat, Missbrauch, der Forderung nach Perfektion oder anderen Umständen, mit denen wir uns als Kind auseinandersetzen mussten. Diese Essenz hilft uns dabei, Zugang zu dem Kind in uns zu finden, um den Schmerz und das Trauma lindern zu können und zu lernen, wie wir diesen Aspekt von uns leben und akzeptieren können.

Die Mischung enthält die folgenden Einzelessenzen:

- Cape Almond (Unsicherheit, emotionale Lähmung)
- Fuchsia (Unterdrückte Wut und Schmerz)
- Keurtjie (Nährend, Elternschaft)
- Red Camellia (Schock und Angst des Inneren Kindes)
- Sugar Bush Protea (Themen des verlassenen Inneren Kindes)
- Warratah (Verzweiflung, Schock, extreme Angst)
- Zinnia (Freude, Fröhlichkeit, Lachen)

INNER FEMALE ESSENCE
Unterstützung für die Innere Frau

Die Innere Frau und der Innere Mann sind ebenfalls Aspekte, die in der Psychologie lange bekannt sind. Diese interne Beziehung wird durch die Pole des Yin und Yang symbolisiert und zeigt sich in unseren Interaktionen mit den Männern und Frauen in unserem Leben. Damit wir vollständig sein können, ist es wichtig, dass wir diese beiden Aspekten, die jeder Mensch – Mann oder Frau – besitzt, unterstützen und im Gleichgewicht halten. Die Inner Female Essence hilft uns dabei, unsere Fähigkeit zu stärken, neue Ideen zu empfangen und mehr zu sein, anstatt zu tun. Sie fördert auch unsere intuitiven, empfänglichen und nährenden Qualitäten.

Die Mischung enthält die folgenden Einzelessenzen:

- Blushing Bride (Ausgleich weiblicher und männlicher Energie)
- Gazania (Weibliche Sexualität und Kreativität)
- Lavender (Emotionales Gleichgewicht)

- Lemon (Weibliche Wut, sexuelles Ungleichgewicht)
- Plumbago (Scham, Unwürdigkeit, Unterwerfung)
- Pomegranate (Weibliche Identität, weibliche Kreativität)
- Touch-Me-Not (Hemmung, Verbote von Seiten der patriarchalischen Gesellschaft)

INNER MALE ESSENCE
Unterstützung für den Inneren Mann

Die Innere Frau und der Innere Mann sind ebenfalls Aspekte, die in der Psychologie lange bekannt sind. Diese interne Beziehung wird durch die Pole des Yin und Yang symbolisiert und zeigt sich in unseren Interaktionen mit den Männern und Frauen in unserem Leben. Damit wir vollständig sein können, ist es wichtig, dass wir diese beiden Aspekte, die jeder Mensch – Mann oder Frau – besitzt, unterstützen und im Gleichgewicht halten. Die Inner Male Essence stärkt unsere Fähigkeit zu erschaffen, Dinge in der äußeren Welt zu konkretisieren, Ideen umzusetzen, Dinge zu beginnen, zu handeln, zu schützen und zu führen.

Die Mischung enthält die folgenden Einzelessenzen:

- African Banana (Männliche Energie, Gleichgewicht von Yin und Yang)
- Hibiscus (Kanalisiert zerstreute kreative Energie)
- Marigold (Skepsis, Aggression)
- Mock Orange (Männliches Selbstvertrauen, Ausdehnung der männlichen Energie)
- Sausage Tree (Kernfragen der Männlichkeit)
- Sunflower (Strahlende männliche Energie)
- Zimbabwe Creeper (Überbetonung von Tun oder Aushalten, Ertragen)

MENOPAUSE ESSENCE
Unterstützung in den Wechseljahren

In der heutigen Zeit wird das beständige Streben nach Jugend stark betont. Dabei werden der Wert und die Bedeutung von Reife, Erfahrung und Weisheit, die ein Mensch über die Zeit gesammelt hat, oft übersehen. Die Idee, dass das Alter uns überflüssig macht, kann verändert werden, wenn wir den wertvollen Beitrag erkennen, den wir als ältere Mitglieder der Gesellschaft leisten können. Während wir mit den körperlichen Veränderungen beschäftigt sind, kann die Menopause Essence eine wichtige Rolle spielen, indem sie unser Gefühl für Selbstwert und Selbstvertrauen stärkt, und uns dabei hilft, den Übergang in die neue Phase unseres Lebens mit Würde und Leichtigkeit zu meistern. Die Essenz unterstützt uns dabei, die Schönheit in der Reife wahrzunehmen, zuversichtlich in unsere volle Kraft zu gehen, und unsere Rolle als weise Älteste in unserer Gemeinschaft zu spielen.

Die Mischung enthält die folgenden Einzelessenzen:

- Blushing Bride (Bringt die männliche und weibliche Energie ins Gleichgewicht)
- Dune Calendula (Für Phasen des Übergangs)
- Gazania (Weibliche Sexualität und Kreativität)
- Pomegranate (Weibliche Identität und Kreativität)
- Senecio (Würdevolles Annehmen des Alterns)
- Silverleaf (Das Antlitz der Kriegerin)
- Tiger Lily (Das Erwachen der „weisen Frau")

PARENTING ESSENCE
Unterstützung für Eltern

Diese Essenz hilft uns bei der Bewältigung der Herausforderungen, denen sich Eltern gegenüber sehen. Es braucht Verständnis und einen weiten Blickwinkel, wenn man als Eltern erfolgreich sein will, ohne zu fordern, dass die Kinder sich nach unseren Erwartungen richten oder unsere frustrierten Bedürfnisse erfüllen. Die Parenting Essence hilft uns dabei, unsere Weisheit anzuwenden, unsere Kinder als die Individuen anzuerkennen, die sie sind, und sie beim Aufwachsen zu unterstützen ohne dabei unsere eigenen Bedürfnisse zu vergessen. Die Mischung hilft uns auch dabei, gute Eltern für unser Inneres Kind zu sein.

Die Mischung enthält die folgenden Einzelessenzen:

- Azalea (Väterliche Fähigkeiten)
- Clivia (Besorgnis um andere)
- Evening Primrose (Angst vor der Elternschaft)
- Fig (Archetypische sexuelle Scham und Angst vor der Elternschaft)
- Keurtjie (Nährend, Elternschaft)
- Pomegranate (Weibliche Identität und Kreativität)
- Sunflower (Männliche Identität und Energie)

SEPARATION ESSENCE
Unterstützung in Trennungsphasen

Wir leben in einer Welt, in der Trennungen an der Tagesordnung sind. Familien werden oft auseinander gerissen und Kindern werden zwischen den Elternteilen hin- und her geschoben. Verwenden Sie die Essenz, wenn Sie oder jemand, der Ihnen am Herzen liegt, von einem seiner Lieben getrennt ist – egal ob kurz- oder langfristig, egal ob durch Scheidung, Tod, Emigration, Trennung oder auch den Besuch eines Internats. Die Mischung gibt uns Mut und die Fähigkeit, mit der Situation und dem Schmerz und der Trauer umzugehen. Sie hilft uns dabei, uns mit Optimismus auf die Gegenwart zu fokussieren, das Leben anzunehmen und es voll zu leben. Manchmal müssen wir lernen, zuzulassen, dass andere ihren eigenen Weg gehen, um den Wunsch nach Kontrolle aufzugeben und selbst wieder ganz zu werden. Die Separation Essence ist dabei sehr hilfreich.

Die Mischung enthält die folgenden Einzelessenzen:

- Borage (Mut und Optimismus)
- Buchu (Klare energetische Grenzen)
- Dune Calendula (Für Zeiten des Übergangs)
- White Geranium (Lebendigkeit, Heiterkeit)
- Wisteria (Stärkt und stimuliert die Meridiane)
- Yellow Pincushion (Angst vor Kontrollverlust)
- Yucca (Selbstmitleid, Opferbewusstsein)

STRESS ESSENCE
Unterstützung bei Stress

Diese Essenz ist eine großartige Unterstützung, wenn uns die Anforderungen des Alltags überwältigen oder wenn Stress, Nervosität, Angst, Erschöpfung und Überarbeitung uns auslaugen. Viele von uns sind viel zu oft massiv überlastet. Die Stress Essence hilft dabei, die Last zu verringern. Sie zentriert und beruhigt, und versetzt uns in die Lage, aus einem Zustand persönlicher Kraft und Macht heraus zu funktionieren.

Die Mischung enthält die folgenden Einzelessenzen:

- Comfrey (Nervensystem)
- Dandelion (Stress und Anspannung)
- Dune Calendula (Trennung von Seele und Geist)
- Lavender (Überreizung und Schlaflosigkeit)
- Pelargonium (Einsamkeit, Isolation)
- Sweetpea (Bedürfnis nach innerem Frieden)
- Zimbabwe Creeper (Exzessives Aushalten und Durchstehen)

STUDY ESSENCE
Unterstützung bei Lernen und Prüfungen

Diese Mischung ist in Lern- und Prüfungsphasen unverzichtbar! Verwenden Sie die Study Essence immer dann, wenn Sie oder Ihre Kinder sich gut konzentrieren müssen, egal ob bei mündlichen Prüfungen, Klausuren oder auch beim Lernen. Die Mischung harmonisiert und beruhigt den Verstand, integriert die Funktionen der linken und rechten Gehirnhälfte und hilft uns dabei, dass wir uns besser konzentrieren können.

Die Mischung enthält die folgenden Einzelessenzen:

- African Banana (Integration der Gehirnhälften)
- Dune Calendula (Mut und Kraft)
- Loquat (Angst vor Herausforderungen)
- Nasturtium (Bei mentaler Anspannung)
- Spur Flower (Erleichterung des Lernens, Integration von Wissen)
- Wattle (Negative Erwartungshaltung, Pessimismus)
- Zimbabwe Creeper (Flexibilität, Hilfe annehmen)

SUBSTANCE ABUSE ESSENCE
Unterstützung bei Drogenmissbrauch

Diese Essenz ist dafür gedacht, unsere Willenskraft zu stärken, damit wir Suchtmuster oder destruktive Verhaltensmuster durchbrechen können, egal ob es dabei um Drogen, Alkohol oder Nikotin geht. Auch bei der Sucht nach Adrenalin kann die Essenz unterstützen. Oft ist unser Suchtverhalten eine Reaktion auf das Gefühl der inneren Leere oder den Wunsch, Druck, Schmerz, Angst oder Furcht zu entkommen, weil diese zu heftig sind, als dass wir sie ertragen könnten. Die Substance Abuse Essenz arbeitet energetisch und hilft uns dabei, eine neue Perspektive einzunehmen, die unseren Charakter und den Respekt vor uns Selbst stärkt. Obwohl Blütenessenzen nicht unseren freien Willen manipulieren können, sind wir aus dieser neuen Perspektive heraus in der Lage, neu zu wählen und mit Hilfe des neuen Resonanzmusters unser Leben in eine positivere Richtung zu lenken.

Die Mischung enthält die folgenden Einzelessenzen:

- Chinkerinchee (Bei Rücksichtslosigkeit sich selbst gegenüber)
- Dune Calendula (Trennung von Seele und Geist)
- Flowering Quince (Verzweiflung, Hoffnungslosigkeit, unterdrückte Wut)
- Morning Glory (Drogenmissbrauch)
- Nicotiana (Nikotinabhängigkeit, Abstumpfung)
- Wild Coffee (Koffeinsucht)
- Wild Dagga (Mangel an Willenskraft, Suchtverhalten, alte Muster)

TRAVEL ESSENCE
Unterstützung auf Reisen

Sind Sie es leid, müde und gestresst am Ziel Ihrer Reise anzukommen? Die Travel Essence ist eine unbezahlbare Hilfe im Kampf gegen die Müdigkeit und die Desorientierung, die das Reisen mit sich bringt. Beim immer größer werdenden Tempo des modernen Lebens verbringen wir mehr und mehr Zeit damit, in schnellen Gefährten von A nach B zu hetzen, von einem Flugzeug ins nächste zu springen, und das Ganze oft mit weniger Vorbereitung als unsere Großeltern, wenn sie nur das Wochenende am Meer verbringen wollten! Wir kennen alle den negativen Effekt, den es auf unser persönliches Energiefeld hat, wenn wir uns in ein übervolles Flugzeug quetschen müssen. Auch die Einwirkung der elektromagnetischen Strahlung der modernen Fortbewegungsmittel, die Anpassung an andere Zeitzonen und unterschiedliche Polaritäten der Energie hinterlassen ihre Spuren. Sie alle fordern einen großen Tribut auf der körperlichen, emotionalen und mentalen Ebene, der dazu führen kann, dass wir ungeerdet und sogar wie benommen sein können. Die Travel Essence schützt uns und unsere Lieben und hilft unserem Energiefeld dabei, sich leichter an die Veränderungen anzupassen. Sie unterstützt uns dabei, unsere innere Uhr neu zu justieren, damit wir das, was wir vorhaben, erfrischt und zentriert in Angriff nehmen können. Für längere Reisen beginnen Sie bereits einige Tage vorher mit der Essenz, nehmen Sie sie unterwegs und noch für ein paar Tage nach der Ankunft. Bei kürzeren Reisen reicht es, wenn Sie sie drei- bis viermal nehmen. Diese Essenz ist unverzichtbarer Bestandteil des Reisegepäcks!

Die Mischung enthält die folgenden Einzelessenzen:
- Hyacinth (Aufmerksamkeit und Konzentration)
- Morning Glory (Gleichgewicht der Wach- und Schlafmuster)
- Rhododendron (Starre)
- Sweetpea (Ständige Unruhe in der Umgebung)
- Thyme (Anpassung an Zeitzonen)
- Warratah (Stärkung der Aura)
- Wild Sage (Reinigung der Aura)

REPERTORIUM

A

Abgetrennt
Felicia

Abhängigkeit (gegenseitige)
Evening Primrose, Gazania, Orange, Sunbonnet

Ablehnung
Evening Primrose, Holly, Pompom Tree

Abschied (Trennung)
Bottle Brush, Wild Gardenia

Abscheu (vor sich selbst)
Crab Apple, Pine

Absicht (Wille)
Wild Dagga

Absicht
Strelitzia

Abwehr (Gegnerschaft)
Borage, Squash

Abwehr (Verteidigung)
Grevillea, Holly, Pansy, Peach, Tulip Magnolia

Abwehrschwäche:
Bell Gardenia, Wild Garlic,
→ *Immunsystem*

Abwesend (geistig)
Felicia, Forget-Me-Not, Loquat, Rosemary

Adoleszenz
Adolescent Essence, Dune Calendula, Loquat, Maple, Periwinkle, Plumbago

Aggression (verbal)
Snapdragon

Aggression
Aloe, Marigold

Akzeptieren
Dog Rose, Wild Ginger

Alkoholmissbrauch
Grapevine, Morning Glory, Nicotiana, Substance Abuse Essence, Wild Dagga

Alltag (gefangen im)
Green Pepper, Wild Iris

Alpträume
Forget-Me-Not, Morning Glory, Orange Pincushion

Alterungsprozess
Senecio

Altruismus
Aloe

Angeber (so tun als ob)
Oreganum

Angst
Bauhinia, Cancer Bush, Crisis Remedy, Disa, Fig, Loquat, Marigold, Mountain Rose, Orange Pincushion, Red Camellia, Squash, Warratah, Wild Garlic

Angst (um andere)
Clivia

Angst (diffus oder karmisch)
Coral Tree

Angst (Sorge, Befürchtung)
African Banana, Bluebell, Loquat, Squash

Angst (unerklärlich)
Frangipani

Angst (vor Ablehnung)
Pompom Tree

Angst (vor Betrug, Verrat)
Grassy Bell

Angst (vor dem Altern)
Fig, Senecio

Angst (vor dem Ende)
Dune Calendula, Senecio, Tiger Lily, Wild Gardenia

Angst (vor dem Unbekannten)
Cape Almond, Wild Gardenia, Yellow Pincushion

Angst (vor dem verlassen Werden)
Evening Primrose

Angst (vor der Zukunft)
Peach, Strelitzia, Yellow Pincushion

Angst (vor Elternschaft)
Evening Primrose

Angst (vor Verlust)
Agapanthus, Coral Tree, Yellow Pincushion

Angst (vor Vernichtung)
Orange Pincushion

Angst (wenn Dinge zu Ende gehen)
Dune Calendula, Senecio, Tiger Lily, Wild Gardenia

Ankommen
Travel Essence

Anmaßendes Verhalten
Calendula, Oxalis, Yellow Pincushion

Anmut
Iris, Oreganum, Senecio, Tiger Lily

Annehmen
Dog Rose, Plumbago, Wild Ginger

Anorexie
→ *Magersucht*

Ansehen (süchtig nach)
Scilla

Ansichten (unterdrückte)
Gazania

Anspannung
Avocado, Corn, Dandelion, Snapdragon, Sweetpea

Apathie
Bell Gardenia, Freesia, Loquat

Arbeiten (mit anderen)
Scilla

Arbeitssucht
Cape Honeysuckle, Maple, Parsley, Stress Essence, Zimbabwe Creeper

Argumentieren (folgerichtig)
Marigold

Argwohn
Holly, Painted Lady

Armutsbewusstsein
Abundance Essence, Agapanthus

Arroganz
Calendula, Cape Honeysuckle, Marigold, Oxalis

Assimilation (von Fakten)
Spur Flower

Aufgabe (Kapitulation)
Crassula, Disa, Flowering Quince, Flowering Cherry, Wild Gardenia, Zimbabwe Creeper

Aufgeben wollen
Cucumber

Aufgeblasenheit
Aristea, Comfrey, Lavender, Morning Glory, Rosemary

Aufmerksamkeit suchen
Red Erica, Sour Fig

Aufrichtigkeit (Mangel an)
Pink Bell Heather

Aufschieberitis
Australian Tea Tree, Jacaranda

Aura (Reinigung)
Grapevine

Aura (Schutz)
Auric Protection Essence, Bluebell, Orange, Wild Garlic, Wild Sage, Yarrow

Ausdruck (undeutlich, unverständlich)
Cosmos

Ausweichen (Flucht)
Jacaranda, Loquat, Morning Glory, Wild Dagga

Autorität
Azalea, Yellowwood

Autorität (persönliche)
Flowering Gum

B

Baby
Birth Essence

Bedenken (abwägen)
Strelitzia

Bedeutung
Morning Glory, Nicotiana, Sugar Bush Protea, Wild Dagga

Bedürftigkeit
Sunbonnet, Sour Fig, Vygie, Yucca

Befleckt (makelhaft, defekt):
Christ Thorn

Begeisterung
Baeometra, Freesia, Suring, Yellowwood, Zinnia

Beraubung
Holly, Yellow Pincushion, Yucca

Bescheidenheit
Holly, Yellow Pincushion, Yucca

Beschuldigen
Belladonna, Painted Lady, Plumbago

Besessenheit
Orange, Wild Sage,
→ psychische Angriffe

Besitz ergreifend
Sunbonnet

Betrug
Grassy Bell

Bewusstsein
Fuchsia, Grassy Bell, Pelargonium

Bewusstsein (erweitert)
Shasta Daisy

Bewusstsein (Mangel)
Abundance Essence, Mountain Dahlia

Bewusstsein (multidimensional)
Aristea, Chestnut, Dune Calendula, Forget-Me-Not, Fumaria, Grapefruit, Hyacinth, Hypericum, Lotus, Shasta Daisy, Thyme

Bewusstsein (planetar)
Aristea, Corn, Frangipani, Freesia, Fumaria, Hypericum, Mango, Nicotiana

Beziehung (besitzergreifend)
Orange

Beziehung (karmisch)
Forget-Me-Not

Bitterkeit
Aloe, Painted Lady, Wild Pear, Yucca

Blockaden
Wild Jasmine, Touch-Me-Not

C

Cannabis (Missbrauch)
Grapevine, Morning Glory, Nicotiana, Substance Abuse Essence, Wild Dagga

Chakra (Herz)
Cucumber, Dandelion, Periwinkle, White Geranium, Wild Jasmine

Chakra (Kehle)
Cosmos, Dandelion

Chakra (Krone)
Basil, Lotus, White Geranium

Chakra (Sakral)
Gazania, Pomegranate, Tiger Lily

Chakren (ausrichten)
Lotus, Morning Glory

Chakren (reinigen)
Giant Protea

Charakter
Chinkerinchee, Flowering Quince, Wild Dagga

Computer (Schutz)
Auric Protection Essence (in einer Schüssel mit Wasser, Pflanzen, Kristallen und Kerzen

D

Dazugehören
Sweetpea

Delegieren können
Green Paprika

Depression
Christ Thorn, Flowering Quince

Depression (Wochenbett)
Keurtjie

Desillusionierung
Disa

Desorientiert
Bluebell, Corn, Rosemary

Despotismus
Cape Honeysuckle

Dienen (Unterwerfung)
Sunbonnet

Direktheit
Yellowwood

Disharmonie
Bluebell, Wild Sage

Diskriminierung
Roella

Dogmatismus
Rhododendron, Wild Ginger

Dominanz
Scilla, Sour Fig, Yellow Pincushion

Drogenmissbrauch
Grapevine, Morning Glory, Nicotiana, Substance Abuse Essence, Wild Dagga

Drohungen
Geranium Incanum, Wild Ginger

Düster
Zinnia

Dunkelheit
Cancer Bush, Geranium Incanum, Wild Ginger

Dunkle Nacht der Seele
Disa

Durchhaltevermögen
Australian Tea Tree, Jacaranda, Strelitzia

Düsternis
Cancer Bush, Daffodil

E

Ego (negatives)
Crassula, Lotus, Mountain Dahlia, Roella, Scilla, Wild Ginger

Egoismus
Aristea, Comfrey, Lavender, Morning Glory, Rosemary

Egozentrisch
Orange Watsonia

Ehrgeiz (gesunder)
Pink Watsonia

Ehrlichkeit
Chinkerinchee

Eifersucht
Aloe, Holly, Painted Lady

DIE SÜDAFRIKANISCHEN BLÜTENESSENZEN

Einsamkeit
Bauhinia, English Hawthorne, Mountain Rose, Pelargonium, Pompom Tree

Einschränkungen
Touch-Me-Not

Einschüchterung
Grevillea, Orange Watsonia

Elitär (Verhalten)
Roella

Elternschaft
Fig, Keurtjie, Mountain Cabbage, Parenting Essence

Elternschaft (Angst vor)
Evening Primrose

Emotionale Authentizität
Bauhinia

Emotionale Grenzen
Buchu

Emotionale Kälte
Calendula, Rosemary

Emotionale Klarheit
Avocado

Emotionale Lähmung
Cape Almond

Emotionale Spannung
Comfrey, Orange

Emotionale Unruhe
English Hawthorne

Emotionale Unterdrückung
Avocado, Bell Gardenia, Dandelion, Dog Rose, Fuchsia, Red Hot Poker, Sugar Bush Protea, Vygie, Water Lily

Emotionale Vergewaltigung
Red Hot Poker

Emotionale Vergiftung
Grapefruit

Emotionale Verletzlichkeit
African Banana, Avocado, Pompom Trea, Water Lily

Emotionaler Mangel
Evening Primrose, Fuchsia

Emotionales Gleichgewicht
Lavender

Emotionaler Schmerz
Wild Dagga

Emotionen (betäubt)
Nicotiana, Water Lily

Emotionen (stagnieren)
Yucca

Emotionen (überaktiv)
Orange

Emotionen (versagte)
Dog Rose

Empfänglichkeit
Calendula, Marigold, Plum, Thyme

Empfängnis
Fig

Empfang (annehmen)
Plumbago

Empfindlich (gegenüber Kritik)
Pansy

Ende (Abschied)
Bottle Brush, Wild Gardenia

Ende (Angst vor)
Dune Calendula, Senecio, Tiger Lily, Wild Gardenia

Endokrine Drüsen
Mango

Engagement
AustralianTea Tree, Cucumber, Mango, Mountain Cabbage, Tiger Lily

Entfremdung
Bauhinia, Evening Primrose, Holly, Nicotiana, Pelargonium, Sugar Bush Protea, Wild Jasmine

Enthusiasmus
Baeometra, Freesia, Suring, Yellowwood, Zinnia

Entmutigung
Borage, Disa, Cancer Bush, Frangipani, Wattle

Entschlossenheit
Felizia, Jacaranda

Entschlossenheit (Mangel an)
Australian Tea Tree

Entschuldigung (übertrieben)
Plumbago

Entwurzelt
Oak

Entzücken
Disa, Pelargonium, White Geranium

Epiphyse
Mango

Erde (Verantwortung für)
Aristea, Corn, Freesia, Fumaria, Hypericum, Nicotiana

Erden kosmischer Energie
Hypericum

Erdung
Bluebell, Chestnut, Orange Pincushion, Red Erica

Erheiterung
White Geranium

Erleuchtung
Basil, Lotus

Erniedrigung (sexuell)
Basil

Ernsthaftigkeit
Zinnia

Erschöpfung
Baeometra, Comfrey, Maple, Stress Essence, Suring

Erwartungen
Wattle, Wild Iris

Erwartung (Gefahr)
Clivia

Erwartung (Scheitern)
Clivia, Wattle

Erweitertes Bewusstsein
→ *Bewusstsein (erweitert)*

Examen
Stress Essence, Study Essence

F

Falschheit
Chinkerinchee, Pink Bell Heather

Fanatismus
Cape Honeysuckle

Fatalismus
Frangipani

Fehlerhaftigkeit
Christ Thorn

Feinde
Geranium Incanum

Feinstoffliche Körper ausrichten
Green Paprika

Flexibilität
Cape Honeysuckle, Crassula

Flugreise
Travel Essence

Fokus
Arum Lily, Avokado, Green Pepper, Hibiskus, Pink Watsonia, Sonderina, Strelitzia, Yellowwood

Fokus (Mangel an)
Felicia, White Geranium

Fordern
Sour Fig

Frau (Innere)
Blushing Bride, Gazania, Inner Female Essence, Menopause Essence, Periwinkle, Touch-Me-Not

Freude
Apricot, Coral Tree, Disa, Flowering Quince, Lotus, Painted Lady, Pelargonium, Wattle, Wild Iris, Yucca, Zinnia

Frieden
Cancer Bush, Orange Pincushion, Pelargonium, Wild Gardenia

Frieden (innerer)
Corn, Dandelion, Flowering Quince, Hycinth, Meditation Essence, Sonderina, Sweetpea

Fröhlichkeit
Zinnia

Frustration
Daffodil, Tulip Magnolia, Wild Iris

Führungsqualität
Orange Watsonia, Yellowwood

Führung (innere)
Maidenhair Fern, Pine

Fülle (Bewusstsein von)
Abundance Essence, Agapanthus

Furchtsamkeit (schüchtern)
Ixia

G

Gaia (Verantwortung für)
Aristea, Corn, Freesia, Fumaria, Hypericum, Nicotiana

Ganzheit
Aristea, Basil, Nicotiana, Oxalis, Shasta Daisy, Wild Garlic, Wild Pear

Gebrochenes Herz
English Hawthorne

Geburt
Birth Essence, Cauliflower, Dune Calendula

Geburtstrauma
Cauliflower

Gedächtnisverlust
Forget-Me-Not

Gedankenmuster (wiederholend)
Sonderina

Gedankenmuster (verwirrt)
Cosmos

Gefallen wollen
Pine, Plumbago, Vygie

Gefühlskonflikte
Buchu

Gehemmt (befangen, schüchtern)
Ixia

Geistesabwesend
Felicia, Forget-Me-Not, Loquat, Rosemary

Geiz
Abundance Essence, Agapanthus

Gelassenheit
Aristea, Comfrey, Cosmos, Lavender, Morning Glory, Rosemary

Geldthemen
Abundance Essence, Agapanthus

Gemeinwohl
Scilla

Genesung
Baeometra

Getrennt
Felicia

Gewalt
Basil, Geranium Incanum, Wild Ginger

Gier
Agapanthus, Aloe

Gleichgültigkeit
Orange Watsonia, Water Lily

Gleichmut (positiv)
Aristea, Comfrey, Lavender, Morning Glory, Rosemary

Glücklich
Felicia, Zinnia

Grausamkeit
Orang Watsonia

Grenzen
Buchu, Pink Watsonia

Grimmig
Zinnia

Groll
Christ Thorn, Flowering Quince, Holly, Painted Lady, Wild Pear, Yucca

H

Haschisch (Missbrauch)
Grapevine, Morning Glory, Nicotiana, Substance Abuse Essence, Wild Dagga

Hass
Aloe, Holly, Painted Lady

Heiterkeit
Aristea, Comfrey, Lavender, Morning Glory, Rosemary

Heldenkomplex
Crassula

Herablassend
Marigold, Snapdragon, Umsipane

Herausforderung
Squash

Herz (gebrochen)
English Hawthorne

Hingabe (Angst vor)
Evening Primrose

Hingabe (Verpflichtung)
Australian Tea Tree, Cucumber, Mango, Mountain Cabbage, Tiger Lily

Hirnanhangdrüse
Mango

Hochmut
Scilla, Sour Fig

Hoffnung
Disa, Frangipani, Wattle, Wild Iris

Hoffnungslosigkeit
Disa, Cancer Bush, Flowering Quince, Warratah

Hohn (Spott)
Calendula, Snap Dragon

Hospizarbeit
Wild Gardenia

Hypersensibilität
Bluebell

Hypochondrie
Red Erica

Hypophyse
Mango

Hysterie
Lavender, Orange

I

Ideale (zerstört)
Periwinkle

Idealismus
Crassula

Emigration (entwurzelt)
Oak

Immunsystem:
Tomato, → Abwehrschwäche

Inbrunst
Suring

Individualität
Arum Lily

Individuelle Verantwortung
Aristea, Fumaria, Loquat, Yucca

Inkarnation (unvollständig)
Loquat, Rosemary, Wild Sage

Innere Uhr
Travel Essence

Innerer Mann
African Banana, Mock Orange, Sausage Tree, Sunflower

Inneres Kind (Angst)
Inner Child Essence, Red Camellia

Inneres Kind (Schock)
Inner Child Essence, Red Camellia

Inneres Kind (unterdrückt):
Inner Child Essence, Zinnia

Inspiration
Aristea, Chestnut, Hibiscus, Orange Watsonia, Petunia, Silverleaf, Yellowwood, Wild Iris

Inspiration (Fähigkeit zur)
Orange Watsonia, Yellowwood

Integration
Fuchsia, Nasturtium, Shasta Daisy, Thyme

Integration (Emotionen)
Bauhinia

Integration (Ideen)
Cosmos

Integration (Wissen)
Spur Flower

Integrität
Chinkerinchee, Pink Bell Heather

Intellekt
Calendula, Nasturtium, Umsipane

Intensität
Suring, Umsipane

Intimität
African Banana, Blushing Bride

Introvertiert
Ixia

Intuition
Avocado, Blushing Bride, Chestnut, Grapefruit, Marigold, Meditation Essence, Pansy, Pelargonium, Plumbago

Irrational
Grapefruit

Isolation
Bauhinia, Forget-Me-Not, Nicotiana, Pelargonium, Wild Jasmine

J

Jetlag
Travel Essence

K

Kaffeesucht
Wild Coffee

Kälte (physisch)
Rosmarin

Kälte (emotional)
Calendula, Umsipane

Kapitulation
Crassula, Disa, Flowering Quince, Flowering Cherry, Wild Gardenia, Zimbabwe Creeper

Karma
Coral Tree, Forget-Me-Not, Frangipani, Grassy Bell, Plum

Karmische Angst
Frangipani

Kater
Grapevine

Kiefer (verspannt)
Snapdragon

Kind (Inneres)
Inner Child Essence, →
Inneres Kind

Kinder (klein)
Cauliflower

Kinder
Belladonna, Bluebell, Dog Rose

Klang harmonisch einsetzen
Bluebell

Klarheit
Arum Lily, Felicia, Pink Watsonia, Sonderina, Umsipane

Klarheit (der Absicht)
Strelitzia

Klarheit (mental)
Sonderina

Klimakterium
→ Wechseljahre

Knechtschaft
Sunbonnet

Kommunikation
Daffodil, Forget-Me-Not, Marigold, Red Hot Poker, Tulip Magnolia

Konflikt (innerer)
Apricot, Pink Bell Heather

Konkurrenz
Aloe

Kontrolle
Red Erica, Rhododendron, Sour Fig, Sunbonnet, Wild Ginger, Yellow Pincushion

Konzentration
Hibiscus

Kraft (persönlich)
Azalea, Cape Almond, Grevillea, Mock Orange

Krankheit
Cancer Bush, Geranium Incanum, Wild Ginger

Krankheit (psychosomatisch)
Red Erica

Kränklich
Cancer Bush, Geranium Incanum, Wild Ginger

Kreatives Träumen
Chestnut, Petunia, Wild Iris
→ Träume

Kreatives Visualisieren
Chestnut, Petunia, Strelitzia

Kreativität
Creativity Essence, Fig, Gazania, Hibiscus, Giant Protea, Maple, Petunia, Pomegranate, Snapdragon, Wild Iris

Kriegerin
Silverleaf

Kritik
African Banana, Grevillea, Snapdragon

Kritik (empfindlich bei)
Pansy

Kundalini
Basil

L

Lachen
White Geranium, Zinnia

Langeweile
Tulip Magnolia

Laster
Grapevine

Launenhaft
Belladonna

Lebendigkeit
Baeometra, White Geranium, Zinnia

Lebenskraft
Baeometra, Bell Gardenia, Comfrey, Cucumber, Felicia, Wild Garlic, Wild Sage

Leere
Sugar Bush Protea, Wild Dagga

Leichtigkeit
Ixia, Oreganum

Leiden
Cancer Bush, Disa, Flowering Quince, Yucca

Leiden (transformieren)
Fumaria

Leidenschaft
Daffodil, Fuchsia, Suring

Leistung (Spitzen-)
Green Pepper

Leistungsorientiert
Zimbabwe Creeper

Lernen (studieren)
Study Essence, African Banana, Nasturtium, Spur Flower

Lernschwierigkeiten
African Banana

Leugnen
Wild Ginger

Liebe
Coral Tree, Grassy Bell, Lotus, Mango, Oxalis, Pompom Tree

Liebe (bedingungslos)
Painted Lady

Liebe (universell)
Fumaria, Hypericum, Lotus, Mango

Logik
Calendula, Marigold

Lust (Freude)
Freesia, Zinnia

Lustlos
Bell Gardenia, Felicia, Freesia, Loquat

M

Macht (persönliche)
Azalea, Cape Almond, Grevillea, Mock Orange

Machtgier
Aloe, Yellow Pincushion

Machtmissbrauch
Wild Ginger, Yellowwood

Magersucht
Loquat

Makellosigkeit
Chinkerinchee, Pink Bell Heather

Mangel
→ *Armutsbewusstsein*

Manifestation
Abundance Essence, Birth Essence, Jacaranda, Strelitzia, Wild Iris

Manipulation
Vygie, White Geranium, Yellow Pincushion

Mann (Innerer)
Inner Male Essence, → *Innerer Mann*

Männliche Energie
African Banana, Mock Orange, Sausage Tree, Sunflower, Zimbabwe Creeper

Männliche Energie (zuviel)
Tiger Lily

Männliche Sexualität
Inner Male Essence, African Banana, Sausage Tree, Wisteria

Märtyrer
Vygie, Yucca

Massagetherapie
Apricot, Avocado, Dandelion

Mäßigkeit
Cape Honeysuckle, Zimbabwe Creeper

Materialismus
Marigold

Meditation
Meditation Essence, Bluebell, Blushing Bride, Chestnut, Grapefruit, Hyazinth, Morning Glory

Melancholie
Peach, Wattle

Mentale Klarheit
Sonderina

Mentale Überanstrengung
Nasturtium, Spur Flower

Mental überdreht
Calendula, Snapdragon, Umsipane

Mentaler Fokus
Spur Flower, White Geranium, Wild Coffee

Midlife Crisis
Bottle Brush, Dune Calendula

Minderwertigkeitskomplex
Oxalis

Missbrauch
Basil, Geranium Incanum, Red Hot Poker, Wild Ginger

Missbrauch (von Macht)
Wild Ginger, Yellowwood

Missbrauch (mental)
Red Hot Poker, Wild Ginger

Missbrauch (physisch)
Red Hot Poker, Wild Ginger

Missbrauch (sexuell)
Red Hot Poker, Wild Ginger, Wisteria

Missbrauch (von Verantwortung)
Yellowwood

Misstrauen
Sugar Bush Protea

Mitgefühl
Cape Honeysuckle, Calendula, Fuchsia, Mango, Orange Watsonia

Mitgefühl (mit sich)
Daffodil, Pansy

Mitleid
Mango

Motivation (Mangel an)
Flowering Gum

Motivation (ehrlich)
Pink Bell Heather

Müdigkeit
Baeometra, Disa, Stress Essence, → Erschöpfung

Multidimensionales Bewusstsein
→ Bewusstsein (multidimensional)

Mut
Avocado, Borage, Bottle Brush, Disa, Cape Almond, Dune Calendula, Forget-Me-Not, Frangipani, Orange Pincushion, Periwinkle, Pompom Tree, Silverleaf, Squash, Strelitzia, Wild Garlic

Mut (moralisch)
Chinkerinchee, Pink Bell Heather

Mütterlichkeit
Evening Primrose, Gazania, Keurtjie, Pomegranate

N

Nähren (Abwehr, Groll)
Christ Thorn

Nähren (pflegen, versorgen)
Fig, Keurtjie, Parenting Essence

Naturverbundenheit
Aristea, Corn, Freesia, Hypericum, Nicotiana

Negative Gedankenformen
Auric Protection Essence, Wild Garlic, Wild Sage, Yarrow

Negativität auflösen
Clivia

Negativität loslassen
Avocado, Bottle Brush, Cancer Bush, Dandelion, Frangipani, Grapevine, Wattle

Negativität (Ego)
→ Ego

Neid
Aloe, Holly

Nervenzusammenbruch
Bauhinia, Comfrey, Disa, Flowering Quince, Mountain Rose, Warratah

Nervöse Gewohnheiten
Comfrey

Nervosität
Comfrey, Lavender

Neuanfang
Birth Essence

Neugeborene
Birth Essence

Notfälle
Crisis Remedy, Orange Pincushion, Warratah

O

Operationen
Oak

Opferhaltung
Vygie, White Geranium, Yucca

Optimismus
Borage, Disa, Frangipani, Zinnia

P

Panik
Comfrey, Crisis Remedy, Lavender, Orange Pincushion, Warratah

Paradox (lösen, klären)
Strelitzia

Paranoia
Fig

Perfektionismus
Dandelion, Parsley, Red Camellia

Perspektive
Cape Honeysuckle, Cucumber, Green Pepper, Maidenhair Fern

Perspektive (holographisch)
Shasta Daisy

Pessimismus
Cucumber, Wattle

Polarität (ungelöst)
Tiger Lily

Posieren
Oreganum

Postpartale Depression
→ Wochenbettdepression

Prinzipien
Chinkerinchee, Pink Bell Heather

Produktivität
Green Pepper, Hibiscus, Umsipane

Projektion
Grevillea, Mountain Cabbage Tree, Roella, Wild Ginger

Prokrastination
Australian Tea Tree, Jacaranda

Promiskuität
Basil, Lemon

Prüde
Basil, Lemon

Psychische Aktivität
Grapefruit

Psychische Angriffe
Auric Protection Essence, Wild Garlic, Wild Sage, Yarrow

Psychische Fähigkeiten
Avocado, Chestnut, Meditation Essence

Psychosomatische Krankheit
Red Erica

Pubertät
Adolescent Essence, Bottle Brush, Dune Calendula, Mock Orange, Pomegranate

Q

Qual
Cancer Bush, Disa

R

Rache
Cancerbush, Geranium Incanum, Holly, Wild Ginger

Rauchen (aufgeben)
Grapevine, Morning Glory, Nicotiana, Substance Abuse Essence, Wild Dagga

Raum (innerer)
Corn, Pink Watsonia

Rebellion
Azalea, Mountain Cabbage

Reden (in der Öffentlichkeit)
Cosmos

Reife
Mountain Cabbage Tree, Senecio, Tiger Lily

Reisen
Travel Essence

Reizbar
Comfrey, Lavender

Resignation
Freesia, Loquat

Resonanzmuster
Tomato

Reue
Crab Apple, Pine

Richtung
Tulip Magnolia

Rigidität
Cape Honeysuckle, Crassula, Rhododendron

Rückführung
Thyme

Rücksichtslos
Basil, Cape Honeysuckle, Orange Watsonia, Snapdragon, Wild Ginger

Rückzug
Cucumber, Loquat, Red Hot Poker. Rosemary

Ruhe
Crisis Essence, Clivia, Lavender, Menopause Essence, Stress Essence, Sweetpea, Warratah

Ruhe (Gelassenheit)
Aristea, Comfrey, Disa, Hyazinth, Lavender, Orange Pincushion

S

Säugling
Birth Essence

Sanftheit
Flowering Cherry, Hyazinth, Mango, Umsipane

Sarkasmus
Calendula, Snapdragon

Scham
Crab Apple, Fig, Fuchsia, Plumbago, Pompom Tree, Red Erica, Wisteria

Scham (sexuell)
Fig

Schatten (Integration)
Lotus, Cancer Bush, Geranium Incanum, Grevillea, Roella, Wild Ginger

Schauspieler
Cosmos

Scheidung
Dune Calendula, Oak, Separation Essence

Schicksal
Creativity Essence, Flowering Gum, Hypericum, Lotus, Strelitzia

Schlaf
Morning Glory

Schlaf (übermäßig)
Loquat

Schlaflosigkeit
Lavender, Morning Glory, Sonderina

Schlafwandeln
Forget-Me-Not, Morning Glory, Orange Pincushion

Schmerz
Buchu, Coral Tree, Dog Rose, English Hawthorne, Flowering Quince, Fuchsia, Fumaria, Grassy Bell, Holly, Inner Child Essence, Mountain Rose, Nicotiana, Peach, Pelargonium, Wild Dagga, Wild Gardenia

Schock
Crisis Remedy, Frangipani, oak, Orange Pincushion, Peach, Warratah

Schönheit
Daffodil, Disa, Wild Iris

Schönheit (reife)
Senecio, Tiger Lily

Schüchternheit
Ixia

Schuld
Belladonna, Painted Lady, Plumbago

Schuldzuweisungen
Belladonna, Painted Lady, Plumbago

Schutz
Auric Protection Essence, Bluebell, Chestnut, Clivia, Coral Tree, Dune Calendula, Silverleaf

Schutz (seelisch)
Hypericum

Schützend
Keurtjie

Schwangerschaft
Birth Essence, Cauliflower, Fig, Gazania, Pomegranate

Schwülstigkeit
Yellowwood

Sein
Flowering Quince, Hyazinth

Sekundärgewinn
Red Erica

Selbstachtung
Plum, Sunbonnet, Sunflower, Sour Fig, Tiger Lily, Wild Jasmine

Selbstakzeptanz
Crab Apple, Sour Fig

Selbstbeschuldigung
Crab Apple, Pine

Selbstekel (Abscheu vor sich selbst)
Crab Apple, Pine

Selbstgeißelung
Pine

Selbsthass
Crab Apple, Daffodil, Oxalis

Selbstkritik
Daffodil, Ixia, Parsley, Pine

Selbstliebe
Aristea, Christ Thorn, Daffodil, Lotus, Roella, Wild Jasmine

Selbstmitleid
Vygie, White Geranium, Yellow Pincushion, Yellowwood, Yucca

Selbstmotivation
Arum Lily

Selbstnährung
Christ Thorn, Grapevine, Keurtjie, Parsley

Selbstsabotage
Coral Tree

Selbstschutz
Grevillea, Holly, Pansy, Peach, Tulip Magnolia

Selbsttäuschung
Pink Bell Heather

Selbstvergebung
Crab Apple, Parsley

Selbstvernachlässigung
Christ Thorn

Selbstversunken
Ixia, Mountain Dahlia

Selbstverweigerung
Cape Honeysuckle, Parsley

Selbstwert
Christ Thorn, Daffodil, Oxalis, Plum, Red Erica, Roella, Sunbonnet, Tiger Lily

Selbstgefälligkeit
Aristea, Comfrey, Lavender, Morning Glory, Rosemary

Selbstzentriert
Orange Watsonia

Selbstzerstörung
Grapevine, Loquat, Maple, Nicotina, Substance Abuse Essence, Warratah, Wild Coffee

Sensibel (übermäßig)
Bluebell

Sensitiv
African Banana, Bluebell, Calendula, Maidenhair Fern, Orange Watsonia, Red Camellia

Sensitiv (übermäßig)
Bluebell

Sexualität (männlich)
African Banana, Inner Male Essence, Sausage Tree, Wisteria

Sexualität (weiblich)
Inner Female Essence, Lemon, Gazania, Pomegranate, Touch-Me-Not, Wisteria

Sexuelle Aktivität (erniedrigend)
Basil

Sexuelle Ausbeutung
Wisteria

Sexuelle Energie (fehlgeleitet)
Basil, Snapdragon

Sexuelle Scham
Fig

Sexuelle Unterdrückung
Evening Primrose

Sexuelles Ungleichgewicht
Lemon

Skepsis
Marigold

Sorge
Squash

Sorge (für sich selbst)
Christ Thorn

Sorgen (für andere)
Christ Thorn, Keurtjie, Mountain Dahlia

Sorglosigkeit
Zinnia

Spannung
Avocado, Corn, Dandelion, Snapdragon, Sweetpea

Spielen (Fähigkeit zu)
Zinnia

Spirituelle Einstimmung
Chestnut, Corn, Creativity Essence, Dune Calendula, Flowering Cherry, Forget-me-Not, Fumaria, Grapefruit, Hyazinth, Hypericum, Lotus, Maidenhair Fern, Mango, Meditation Essence, Petunia, Shasta Daisy, Silverleaf Protea, Thyme, Tulip Magnolia, Wild Jasmine

Spitzenleistungen
Green Pepper

Spontaneität
Parsley

Stabilisierung
Crisis Remedy, Oak

Stadtleben
Corn

Stärke (innere)
Avocado, Borage, Clivia, Corn, Dune Calendula, Periwinkle, Silverleaf Protea

Starre
Cape Honeysuckle, Crassula, Rhododendron

Sterbefall
→ *Todesfall*

Sterbeprozess
Wild Gardenia

Stille (innere)
Flowering Quince, Hyacinth, Sonderina

Stimulantien (Missbrauch)
Morning Glory, Substance Abuse Essence, Wild Coffee, Wild Dagga

Stolz
Calendula, Roella

Strafe
Belladonna Lily, Red Erica, Vygie, White Geranium

Strahlen (Ausstrahlung)
Sunflower

Strahlung
Auric Protection Essence, Yarrow

Streben (übermäßiges)
Stress Essence, Zimbabwe Creeper

Strenge (rauh)
Calendula, Marigold, Tulip Magnolia

Stress
African Banana, Bluebell, Dandelion, English Hawthorne, Stress Essence, Sweetpea

Stress (durch Stadtleben)
Corn

Sturheit
Rhododendron

Suchtverhalten
Grapevine, Morning Glory, Nicotiana, Wild Coffee, Wild Dagga

Suizidgedanken
Mountain Rose, Warratah

Superfrau Syndrom
Gazania, Pomegranate

T

Tapferkeit
Borage, Squash

Telepathie
Avocado, Chestnut, Grapefruit, Mountain Dahlia

Therapie
Avocado, Bottle Brush, Thyme

Thymusdrüse
Mango

Tod
Oak, Wild Gardenia

Tod (Sterbeprozess)
Wild Gardenia

Todesangst
Orange Pincushion, Cancer Bush, White Geranium

Todesfall
Orange Pincushion, Separation Essence

Toleranz
Parsley, Umsipane

Transzendenz
Fumaria, Hypericum, Lotus, Shasta Daisy

Trauer
Dandelion, Dog Rose, English Hawthorne, Frangipani, Peach

Trauma
Cauliflower, Inner Child Essence, Oak, Orange Pincushion, Peach, Pompom Tree, Warratah

Träume
Blushing Bride, Grapefruit, Pelargonium, Thyme, → *kreatives Träumen*

Traurigkeit
Borage, Disa, Dog Rose, English Hawthorne

Trennung
Bauhinia, Holly, Nicotiana, Separation Essence, Sweetpea, Wild Jasmine

Trostlos
Zinnia

Tyrannisch
Orange Watsonia

U

Überdreht (mental)
Calendula, Snapdragon, Umsipane

Übergang
Bottle Brush, Dune Calendula, Menopause Essence, Senecio, Tiger Lily, Wild Gardenia

Überheblichkeit
Scilla, Sour Fig

Überlegenheit
Oxalis, Roella, Umsipane

Überlegenheit (intellektuell)
Calendula

Übertreibung
Sour Fig

Überwältigt
Avocado, Baeometra, Borage, Flowering Quince, Freesia, Orange

Überzeugung
Strelitzia

Umzug (entwurzelt)
Oak

Unaufrichtig
Pink Bell Heather

Unehrlichkeit
Chinkerinchee

Unentschlossenheit
Felicia, Flowering Gum, Strelitzia

Unethisches Verhalten
Chinkerinchee, Pink Bell Heather

Unflexibel
Cape Honeysuckle, Crassula, Rhododendron

Ungleichgewicht (sexuell)
Lemon

Unglücklich
Felicia

Unreife
Mountain Cabbage

Unruhe
Tulip Magnolia

Unsensibel
Azalea, Calendula, Maidenhair Fern, Mountain Dahlia, Orange Watsonia

Unsicherheit
Cape Almond, Felicia, Flowering Gum, Holly, Rosemary, Strelitzia, Tulip Magnolia

Unterjochung
Christ Thorn, Gazania, Plumbago

Unterwürfig
Sunbonnet

Untreu
Basil

Unverantwortlich
White Geranium

Unzufriedenheit
Tulip Magnolia

Unzulänglichkeit
Christ Thorn, Mango, Sunbonnet

Unzuverlässigkeit
White Geranium

Urteil (Selbstverurteilung)
Daffodil

Urteil (verurteilen)
Wild Ginger

V

Vaterschaft
Baeometra, Disa, Stress Essence

Veränderung
Apricot, Bottle Brush, Dune Calendula, Mountain Cabbage Tree, Oak

Veränderung (Widerstand)
Rhododendron

Verantwortung
Apricot, Azalea

Verantwortung (Missbrauch von)
Yellowwood

Verantwortung (persönliche)
Apricot, Fumaria, Loquat, Yucca

Verantwortung (vermeiden)
Mountain Cabbage Tree

Verantwortungsgefühl (überentwickelt)
Clivia

Verantwortungsgefühl (unverhältnismäßig)
Pine

Verbindung (mit anderen)
Water Lily

Verbot (Hemmung)
Fuchsia, Gazania, Lemon, Touch-Me-Not

Verbote
Touch-Me-Not

Verdacht (Argwohn)
Holly, Painted Lady

Verdient haben
Plum, Plumbago, Nicotiana

Verfolgungswahn
Fig

Vergangene Leben
Thyme

Vergangenheit
Avocado, Bottle Brush, Fig, Plum, Pompom Tree, Sugar Bush Protea, Wild Pear, Rhododendron

Vergebung
Crab Apple, Holly, Painted Lady, Wild Pear, Yucca

Vergesslichkeit
Forget-Me-Not, Rosemary, White Geranium

Vergewaltigung
Gazania, Lemon, Pomegranate, Wisteria

Verlassensein
Evening Primrose, Holly, Sugar Bush Protea

Verletzlichkeit
African Banana, Pansy, Pompom Tree, Tulip Magnolia, Water Lily

Verletzung (Schmerz, Trauer)
English Hawthorne, Grassy Bell, Periwinkle

Verlust
Agapanthus, Clivia, Coral Tree, English Hawthorne, Orange Pincushion Protea

Vermeidung
Loquat

Verschwendung
Pink Watsonia

Verstehen (gegenseitiges)
Calendula, Tulip Magnolia

Vertrauen
Clivia, Disa, Plumbago, Red Hot Poker, Tulip Magnolia, Cape Almond, Fig, Ixia, Oreganum

Vertrauen in die Fähigkeit zur Elternschaft
Keurtjie

Verwirrung
Avocado, Flowering Quince, Pink Bell Heather

Verwöhnt
Green Pepper

Verwurzelung
Oak

Verzauberung
Disa, Pelargonium, White Geranium

Verzweiflung
Bauhinia, Daffodil, Disa, English Hawthorne, Flowering Quince, Warratah

Visualisieren
Chestnut, Petunia, Strelitzia,

Vitalität
Baeometra, Bell Gardenia, Comfrey, Cucumber, Felicia, Wild Garlic, Wild Sage

Vitalität (Mangel)
Grapevine

Vollenden (unfähig)
Australian Tea Tree

Vorurteile
Roella

W

Wachen
Morning Glory

Wählerisch (verwöhnt)
Green Pepper

Wärme
Calendula, Mango, Nasturtium, Pansy, Red Hot Poker, Rosemary, Sunflower

Wechseljahre
Menopause Essence, Pomegranate, Senecio, Tiger Lily

Wegdriften
Felicia

Weibliche Energie
Blushing Bride, Gazania, Pomegranate, Silverleaf, Touch-Me-Not

Weibliche Energie (exzessiv)
Mock Orange, Sunflower

Weibliche Kreativität
Pomegranate

Weibliche Sexualität
Inner Female Essence, Lemon, Gazania, Pomegranate, Touch-Me-Not, Wisteria

Weibliche Weisheit
Tiger Lily

Weibliche Wut
Lemon

Weiblichkeit
Blushing Bride

Weisheit
Menopause Essence, Senecio, Spur Flower, Tiger Lily

Weltuntergangsstimmung
→ *Fatalismus*

Widerstand
White Geranium

Wille (exzessiver Gebrauch)
Crassula, Maple, Zimbabwe Creeper

Wille (Mangel an)
Australian Tea Tree, Jacaranda

Wille (stärkend)
Wild Sage

Willenskraft
Giant Protea, Morning Glory, Wild Dagga, Wild Garlic, Wild Sage

Wirkung (nicht bewusst)
Orange Watsonia

Wochenbett
Birth Essence

Wochenbettdepression
Keurtjie

Workaholic
→ *Arbeitssucht*

Würde
Senecio, Tiger Lily

Würdig (verdienen)
Nicotiana, Plum, Plumbago

Wunder (Staunen)
Daffodil, Hyazinth, Lotus, Petunia

Wut
Apricot, Bauhinia, Belladonna Lily, Daffodil, Fuchsia, Holly, Snapdragon, White Geranium, Wild Sage

Wut (fehl am Platz)
Cape Honeysuckle

Wut (nicht erlaubte)
Lemon

Wut (unterdrückt)
Flowering Quince, Gazania

Wut (weibliche)
Azalea, Lemon, Pomegranate

Y

Yin / Yang
African Banana, Arum Lily, Avocado, Blushing Bride, Inner Female Essence, Inner Male Essence, Mock Orange, Sausage Tree, Sunflower, Tiger Lily, Wisteria

Z

Zähneknirschen
Snapdragon

Zaudern(verschieben)
Australian Tea Tree, Jacaranda, Strelitzia

Zeit und Raum
Thyme

Zeitverschiebung
Travel Essence

Zentrierend
Grevillea, Lavender, Orange Pincushion Protea

Zerstörung
Belladonna, Geranium Incanum, Nicotiana, Snapdragon

Zirbeldrüse
Mango

Zorn (Rage)
Belladonna Lily, Flowering Quince, Snapdragon

Zuhören können
Calendula, Sour Fig

Zusammenhängen
Cosmos

Zynismus
Marigold, Wild Pear

NUMMERIERTE TESTLISTE (169)

Die nachfolgende Liste enthält alle 169 Einzelessenzen und Mischungen der Südafrikanischen Blütenessenzen nummeriert in alphabetischer Reihenfolge. Sie ist dafür gedacht, um die jeweils passende(n) Essenz(en) anhand der Zahlen und damit unter Umgehung des bewussten Verstandes auszutesten, beispielsweise mit dem Pendel, dem Biotensor oder dem kinesiologischen Muskeltest.

1. Abundance Essence 135
2. Adolescent Essence...........136
3. African Banana 27
4. Agapanthus 28
5. Aloe......................................28
6. Apricot 29
7. Aristea 30
8. Arum Lily............................30
9. Auric Protection Essence ..137
10. Australian Tea Tree 31
11. Avocado.............................32
12. Azalea 32
13. Baeometra 33
14. Balancing Essence 138
15. Basil 34
16. Bauhinia 35
17. Belladonna Lily 36
18. Bell Gardenia 36
19. Birth Essence 139
20. Bluebell 37
21. Blushing Bride 38
22. Borage 39
23. Bottle Brush 39
24. Buchu 40

25. Calendula 41
26. Cancer Bush 42
27. Cape Almond 42
28. Cape Honeysuckle 43
29. Cauliflower 44
30. Chestnut 44
31. Chinkerinchee 45
32. Christ Thorn 46
33. Clivia..................................46
34. Comfrey 47
35. Coral Tree..........................48
36. Corn....................................48
37. Cosmos..............................49
38. Crab Apple 50
39. Crassula.............................50
40. Creativity Essence...........140
41. Crisis Remedy 140
42. Cucumber 51
43. Daffodil 52
44. Dandelion 52
45. Disa 53
46. Dog Rose...........................54
47. Dune Calendula.................54
48. English Hawthorne............55

49. Evening Primrose 56
50. Felicia..................57
51. Fig 57
52. Flowering Cherry 58
53. Flowering Gum 59
54. Flowering Quince..............59
55. Forget-me-not................60
56. Frangipani 61
57. Freesia 62
58. Fuchsia 62
59. Fumaria 63
60. Gazania 64
61. Geranium Incanum............65
62. Giant Protea 65
63. Grapefruit..........................66
64. Grapevine 67
65. Grassy Bell......................67
66. Green Pepper....................68
67. Grevillea..........................69
68. Harmony Essence............141
69. Hibiscus..........................70
70. Holly 70
71. Hyacinth 71
72. Hypericum........................72
73. Inner Child Essence 142
74. Inner Female Essence 143
75. Inner Male Essence 144
76. Ixia 72
77. Jacaranda......................73
78. Keurtjie 74
79. Lavender 74
80. Lemon 75
81. Loquat 75
82. Lotus 76
83. Maidenhair Fern............77
84. Mango 78
85. Maple 78
86. Marigold..........................79
87. Menopause Essence 145
88. Mock Orange 80
89. Morning Glory 81
90. Mountain Cabbage Tree....81
91. Mountain Dahlia 82
92. Mountain Rose 83

93. Nasturtium........................84
94. Nicotiana 84
95. Oak 85
96. Orange 86
97. Orange Pincushion 86
98. Orange Watsonia 87
99. Oreganum........................87
100. Oxalis 88
101. Painted Lady 88
102. Pansy 89
103. Parenting Essence 146
104. Parsley..........................90
105. Peach 90
106. Pelargonium 91
107. Periwinkle 92
108. Petunia 93
109. Pine 93
110. Pink Bell Heather 94
111. Pink Watsonia..................95
112. Plum 95
113. Plumbago 96
114. Pomegranate....................97
115. Pompom Tree 97
116. Red Camellia..................98
117. Red Erica........................99
118. Red Hot Poker 99
119. Rhododendron 100
120. Roella........................101
121. Rosemary 101
122. Sausage Tree 102
123. Scilla 103
124. Senecio 104
125. Separation Essence........146
126. Shasta Daisy..................105
127. Silverleaf 106
128. Snapdragon 106
129. Sonderina 107
130. Sour Fig........................108
131. Spur Flower..................109
132. Squash 109
133. Strelitzia 110
134. Stress Essence 147
135. Study Essence 148
136. Substance Abuse Essence .149

137. Sugar Bush Protea 111
138. Sunbonnet 111
139. Sunflower 112
140. Suring 113
141. Sweetpea 114
142. Thyme 114
143. Tiger Lily 115
144. Tomato 116
145. Touch-Me-Not 117
146. Travel Essence 150
147. Tulip Magnolia 117
148. Umsipane 118
149. Vygie 119
150. Warratah 119
151. Water Lily 120
152. Wattle 121
153. White Geranium 121

154. Wild Coffee 122
155. Wild Dagga 123
156. Wild Gardenia 123
157. Wild Garlic 124
158. Wild Ginger 124
159. Wild Iris 125
160. Wild Jasmine 126
161. Wild Pear 127
162. Wild Sage 127
163. Wisteria 128
164. Yarrow 129
165. Yellow Pincushion 130
166. Yellowwood 130
167. Yucca 131
168. Zimbabwe Creeper 132
169. Zinnia 132

BIBLIOGRAFIE

ARROYO, Stephen, Astrology Karma & Transformation, CRCS Publications 1978

BAKER, Douglas, Esoteric Healing Part III, Flower Remedies & Medical Astrology, Samuel Weiser 1978

BLUM, Ralph, The Book of Runes, Michael Joseph 1982

BITTLESTON, A. Our Spiritual Companions, Floris Books

BOONE, J.Allen, Kinship with All Life, Harpar and Row 1954

CASTANEDA, Carlos, The Power of Silence, Black Swan 1987

CHANCELLOR, Philip M., Handbook of the Bach Flower Remedies, C W Daniel Company Ltd 1982

CHANG, Jolan, The Tao of Love and Sex, Wildwood House 1977

CHEIRO, Book of Numbers, Simon & Schuster 1988

CUNNINGHAM, Donna, Healing Pluto Problems, Samuel Weiser 1986

DETHLEFSEN, Thorwald, The Healing Power of Illness, Element 1992

ESSENE, Virginia and NIDLE, Sheldon, You are Becoming a Galactic Human, S.E.E. Publishing Co. 1994

ESTES, Clarissa Pinkola, Women who Run with the Wolves, Mackays of Chatham 1992

FERRIER, Loretta, Ph.D., Dance of the Selves, Simon & Schuster 1992

GAWAIN, Shakti, Living in the Light, Whatever Publishing Inc. 1986

GAWAIN, Shakti, Creative Visualization, Bantam Books 1985

GREEN, Jeff, Pluto – The Evolutionary Journey of the Soul, Volume 1, Llewellyn Publications 1990

GREENE, Liz and SASPORTAS, Howard, Dynamics of the Unconscious, Penguin 1988

GREENE, Liz, Saturn – A New Look at an Old Devil, Penguin 1990

GURUDAS, Flower Essences and Vibrational Healing, Brotherhood of Life Inc 1983

GURUDAS, Gem Elixirs and Vibrational Healing, Vol. I & II, Cassandra Press 1986

HAICH, Elisabeth, Initiation, Seed Center 1960

HARRISON, Richmond E., Handbook of Trees & Shrubs for the Southern Hemisphere, Palmerston North 1959

HARVEY, Clare G., The Encyclopaedia of Flower Remedies, Thorsons 1995

HAY, Louise L., Heal Your Body, Aliveness Unlimited Movement 1984

HAY, Louise L., You Can Heal Your Life, Aliveness Unlimited Movement 1984

JUNG, C. G., Aspects of the Feminine, Princeton Univ. Press 1982

KAMINSKI, Patricia and KATZ, Richard, Flower Essence Repertory, Flower Essence Society 1994

KIDD, Mary Maytham, Wild Flowers of the Cape Peninsula, Oxford Univ. Press 1950

LAZARIS, The Sacred Journey, NPN Publishing Inc. 1987

LAZARIS, Interview Book I., Synergy Publishing 1988

LAZARIS, Interview Book II, Synergy Publishing 1988 and audio and videotapes, Concept Synergy

LERNER, Isha and LERNER, Mark, Inner Child Cards, Bear & Company 1992

LIEVEGOED, Bernard, Phases, Rudolf Steiner Press, 1979

MARCINIAK, Barbara, Bringers of the Dawn, Bear & Company 1992

MARCINIAK, Barbara, Earth, Bear & Company 1995

MOORE, Thomas, Care of the Soul; Harper Collins Publishers 1992

MOORE, Thomas, Soul Mates, Harper Collins Publishers 1994

PALMER, Helen, The Enneagram, Harper - San Francisco 1988

RAMTHA, Ramtha Sovereignty Inc 1986

REDFIELD, James, The Celestine Prophecy, Bantam 1994

REINHART, Melanie, Chiron and the Healing Journey, Penguin 1989

RICE, Elsie Garrett and COMPTON, Robert Harold, Wild Flowers of the Cape of Good Hope, The Botanical Society of South Africa

RISO, Don Richard, Understanding the Enneagram Houghton Mifflin Co. 1990

ROBERTS, Jane, Adventures in Consciousness, Bantam 1975

ROBERTS, Jane, Seth Speaks, Bantam Books 1974

ROBERTS, Jane, The Nature of Personal Reality, Bantam 1974

SASPORTAS, Howard, The Gods of Change, Arkana 1989

SHAPIRO, Debbie, The Bodymind Workbook, Element Books 1990

SHARMAN-BURKE, Juliet and GREENE, Liz, The Mythic Tarot, Simon & Schuster 1986

SMALL WRIGHT, Machaelle, Flower Essences, Perelandra Ltd. 1988

SMULKIS, Michael and RUBENFELD, Fred, Starlight Elixirs & Cosmic Vibrational Healing, Saffron Walden 1992

SOLARA, The Legend of Altazar, Star-Borne Unlimited 1987

STEINBRECHER, Edwin C., The Inner Guide Meditation, Aquarian Press 1982

STRUIK PUBLISHERS, Wild Flowers of South Africa

TOTH, Max and NIELSEN, Greg, Pyramid Power, Destiny Books 1985

WALL, Vicky, The Miracle of Colour Healing; Aquarian/Thorsons 1991

WEED, Susun S., Menopausal Years, Ash Tree Publishing 1992

WHITE, Ian, Australian Bush Flower Essences, Findhorn Press 1993

The Edgar Cayce Material, Association for Research and Enlightenment Inc.

BILDNACHWEIS

Die wundervollen Zeichnungen in diesem Buch stammen von **Wina Wainman** (© Jannet Unite-Penny), mit Ausnahme der folgenden Illustrationen:

CALENDULA – Professor Dr. Thomé, Flora von Deutschland, Österreich und der Schweiz, 1885, Scan von www.biolib.de

CORN – Professor Dr. Thomé, Flora von Deutschland, Österreich und der Schweiz, 1885, Scan von www.biolib.de

CRASSULA – Addisonia, vol. 2: t. 79, 1917, [M.E. Eaton]

CUCUMBER – Professor Dr. Thomé, Flora von Deutschland, Österreich und der Schweiz, 1885, Scan von www.biolib.de

DANDELION – Professor Dr. Thomé, Flora von Deutschland, Österreich und der Schweiz, 1895, Scan von www.biolib.de

FELICIA – Andrzej Otrebski, www.plantweb.co.za

GRAPEVINE – Duisdeiker, Elisabeth, Industrieschool voor Vrouwelijke Jeugd, 1882

GREEN PEPPER – Köhler, F.E., Medizinal Pflanzen, vol. 2: t. 127, 1890

HYPERICUM – Professor Dr. Thomé, Flora von Deutschland, Österreich und der Schweiz, 1905, Scan von www.biolib.de

MOCK ORANGE – Gemälde von Hans Simon Holtzbecker, 1654

RED HOT POKER – Lauren Chapa via www.laurenchapa.com

ROELLA – L. van Houtte, Flore des serres et des jardin de l'Europe, vol. 5: p. 513 (1849) [L. Stroobant]

SILVERLEAF – Botanical Register, vol. 12: t. 979 (1826) [C.J. Robertson]

SWEETPEA – P.J. Redouté, Choix des plus belles fleurs et des plus beaux fruits, t. 98 (1833) [P.J. Redoute]

WILD GARDENIA – Curtis's Botanical Magazine, t. 967-1013, vol. 25: t. 1004 (1807) [S.T. Edwards]

BEZUGSQUELLE

Die Südafrikanischen Blütenessenzen können im deutschsprachigen Raum bezogen werden über:

Der Essenzenladen
Schweinheimer Str. 6 B
63739 Aschaffenburg
Deutschland

Tel.: +49 (0)6021 22001
Fax: +49 (0)6021 22010
E-Mail: info@essenzenladen.de
Website: https://www.essenzenladen.de